スポーツの組織文化と産業

横山勝彦
八木　匡　編著
松野光範

朝原宣治
石井　智　著
向山昌利

晃洋書房

はじめに

　ロンドンオリンピックの興奮がピークを迎えた閉会式の日に，『スポーツの組織文化と産業』をタイトルとした本書の序文を執筆している．このオリンピックで日本は過去最高の38個のメダルを獲得して，東日本大震災で被災した人々に勇気と力を与えることができたと言えよう．ロンドンオリンピックでのハイレベルな戦いを見るにつけ，スポーツの持つ力を感じたと共に，強くなるために何が必要であるかを考えることが極めて重要であることを痛感する．
　個々のチームと個々のプレーヤーは，長年の経験の蓄積を基に，どのように強くなるかについて様々な理論とポリシーを有しており，それらを実践することにより試合で勝利を得ることになる．しかしながら，どのチームもどのプレーヤーも，常に勝ち続けることはできず，スランプになることも多い．その場合には，何が問題であるのかを見つけること自体が困難になる場合も多く，方向性を見失うこともある．プレーヤーのスランプは，試合の質を低め，スポーツ産業の衰退をもたらすと言った悪循環も発生する．
　問題の本質を探り，その問題を解決することの難しさは，個人プレーからチームプレーになるにつれて増していく．もちろんチームプレーの基本が個人プレーであることを考えれば，チームメンバーは全員個人レベルでの問題発見と解決能力を持つ必要がある．その上で，監督またはキャプテンは，メンバー全員の心理的動きを正確に把握しながら，チーム全体の意志の統一化を行い，メンバー全員に強い動機付けを付与することが必要となる．スポーツ組織の強さは，組織が長期間に亘って醸成してきた慣習等に代表される組織文化を基盤として，組織のメンバーの力を最も効率的に発揮させることによってもたらされると言えよう．そして，この組織文化は組織構成員の心理的動きと心理的反応を最適にコントロールするために，数多くの経験の蓄積に基づいて醸成されている場合が多い点が重要となる．このようなスポーツ組織を構成要素としたスポーツ産業の発展戦略を考える上でも，組織文化に対する理解を深めることの重要性は大きい．

本書は，行動経済学等の学際的なアプローチを援用しながら，スポーツ文化の発展をもたらす強い組織のあり方とスポーツ産業の発展戦略を探求することを1つの重要な目的としている．学際的であることの重要性は大きく言って2つある．第1に，組織の強さが，心理的誘因，経済的誘因といった多様な誘因が交錯しあいながら影響を受けるため，これらを統一的に理解する必要があることである．さらには，スポーツ組織の長期的存続可能性を左右するスポーツ産業全体の発展について，経済学および経営学の知見を取り入れる必要があることである．

　別の言い方をすれば，スポーツに関する従来の学問領域のみで解き明かすことが困難な構造と問題がスポーツ組織文化とスポーツ産業論には存在しており，学際的アプローチを取らなければ，本質的なレベルまで議論を深めることが困難となる．

　学際的アプローチを取ることの第2の理由は，多様な視点と考え方を融合させることにより，スポーツ組織文化とスポーツ産業に対して，これまで提示されてきていない本質的理解を提示することを試みるためである．多様性が創造性の源泉であることを認識し，創造性を高める試みは，スポーツのあらゆる領域において重要となる．創造的なプレーが，異なった種目を経験することによって生まれることもある．同様に，スポーツ組織文化とスポーツ産業を理解する際にも，既存の概念を超える概念の提示をするために，多様な学問を融合することが求められていると言って良いであろう．

　本書が前述の意図と目的を十分に達成できているかは甚だ心許ないとは言え，本書によってスポーツに携わるすべての人々が，強い組織づくりを行うための指針を得ることができれば幸甚と考える．

2012年8月

八木　匡

目　　次

はじめに

第Ⅰ部　感動の価値創造

第1章　スポーツの本質 …………………………………… 3
1．スポーツとは何か　(3)
2．競技力の強化戦略と組織文化　(8)
3．スポーツと組織文化　(14)

第2章　スポーツの組織と文化 …………………………… 20
1．チームビルディングとは何か　(20)
2．事例研究：北京オリンピックリレーチームに見る
　　チームビルディングの本質　(22)
3．スポーツの価値とソーシャル・キャピタル　(25)

第3章　スポーツによる経験価値創造 …………………… 31
1．価値の源泉の変移　(31)
2．経験を創出する4E領域　(33)
3．スポーツが生み出す経験価値　(35)
4．経験価値創造によるスポーツ・ビジネスの革新　(39)

第Ⅱ部　スポーツ産業

第4章　産業組織の構造 …………………………………… 45
1．産業の捉え方　(45)
2．スポーツ産業の位置付け　(48)
3．サービスとホスピタリティ　(54)

第5章　スポーツ用品産業 ……………………………………… 60
1．スポーツ用品とは　*(60)*
2．スポーツ用品産業の特徴　*(64)*
3．スポーツ用品産業のビジネスモデル　*(66)*

第6章　スポーツマーケティング ……………………………… 72
1．マーケティングの変遷　*(72)*
2．スポーツマーケティング　*(77)*
3．新たな試み　*(81)*

第7章　スポーツ組織のガバナンス …………………………… 86
1．ガバナンスとは　*(86)*
2．Jリーグとプロ野球　*(90)*
3．スポーツの本質を生かした産業　*(95)*

第Ⅲ部　スポーツの学際的解明

第8章　スポーツと行動経済学 ………………………………… 103
――スポーツ組織における非合理的行動（アノマリー）の説明――
1．行動経済学とは　*(103)*
2．「勝者の呪い」　*(105)*
3．北京オリンピックで勝てなかった米国4×100mリレーチーム
　　(108)
4．なぜ巨人のバッティングピッチャーの報酬は，他の球団よりも
　　高いのか　*(111)*
5．スポーツにおける恐怖の役割　*(113)*

目　次　v

第 9 章　スポーツにおけるナッジ ……………………………… 120
　1．ナッジとは　(120)
　2．スポーツにおけるナッジ　(122)
　3．スポーツにおける心と身体の統合　(128)

第10章　グローバリズムとアイデンティティ ………………… 132
　1．グローバリズムとは　(132)
　2．スポーツルールと文化性　(138)
　3．アイデンティティと国際化戦略　(142)

第Ⅳ部　組織形態のイノベーション

第11章　意思決定のメカニズム ………………………………… 151
　1．企業における組織文化創造　(151)
　2．ビジョンの重要性　(156)
　3．人作りのための意思決定　(160)

第12章　イメージのマネジメント ……………………………… 166
　1．マネジメントとは何か　(166)
　2．リーダーシップ　(170)
　3．企業ビジョンの体現化システム　(175)

第13章　人間性と社会的包摂 …………………………………… 179
　1．ポストCSR　(179)
　2．ダイバーシティとインクルージョン　(185)
　3．公共性を担保するイノベーション　(188)

おわりに　(193)
参考文献　(195)
索　　引　(203)

第Ⅰ部　感動の価値創造

　スポーツの本質を探り，スポーツ価値を明確化することは，スポーツの持つ可能性を理解し，スポーツの発展方向を描き出す上で重要な意義がある．第Ⅰ部では，スポーツの本質が「遊び」にあり，スポーツ価値が「経験価値創造」にあると考えた時に，スポーツ組織のあり方とスポーツ発展のあり方がどのようにあるべきであるかを議論していく．

　スポーツの価値が経験価値創造にあると考えた場合でも，この経験価値が果たす役割は極めて多様である．感動の共有は経験価値の中でも最も重要なものであるが，これにより社会的結束が強まり，ソーシャル・キャピタルと呼ばれる社会的資産の醸成が進むことは，スポーツが社会的役割を強く有していることを示唆している．

　また，スポーツの持続的発展を可能にする経済的基盤の構築においても，スポーツが創造する経験価値を本質的に理解することが重要となる．本書では，スポーツが創造する経験価値の根幹が「スーパープレイ」，「高質なフォーメーション・組織プレー」，「観客全員でつくりあげる雰囲気・空気」にあると考えた場合に，スポーツ・ビジネスの革新がどのような方向性で検討されるべきかを検討していく．

　これらの議論を通じて，スポーツの価値を高めるための組織作り，戦略，そして政策のあり方を明らかにしていく．

スポーツの本質

1. スポーツとは何か

(1) スポーツの多岐にわたる定義

スポーツを産業（またはビジネス）の対象として考える場合，スポーツは誰に（何に）対してどんな価値を提供することができるのか，いわゆる「スポーツの価値」について明確に語る必要がある．そのためには，スポーツの本質についての共通理解が前提となる．

スポーツとは何かという命題について多くの先達が定義を行っている．ここでは，まずそれらについて提示しておこう．

スポーツの定義は多岐にわたる．例えばスポーツとは，ラテン語の deportare が語源であるといわれている．de (away) と portare (carry) の2語からなり，あるものを他の場所へ移すという意味から転じ，人の内面の状態の変化を表す「気晴らし，楽しみ」という意味になった［伊多波・横山・八木ほか編 2011：2］．また，「遊戯，競争，肉体的鍛錬の要素を含む身体運動の総称（広辞苑）」，さらには「運動，スポーツ，娯楽，気晴らし，冗談，いいやつ（英和活用大辞典）」とも定義されている．

(2) スポーツの本質は遊び

カイヨワは，スポーツを「アゴン（競争）の社会化された形態規則のある競争」と定義し［Caillois 1967：邦訳 88］，エリアスは「非暴力の競争」と定義している［Elias 1986：邦訳 28］．この他にも多くの研究者がスポーツを定義しており，「研究者の数だけ定義が存在する」と言われている．例えばグートマンは

「スポーツを"遊び(プレイ)"の要素の濃い肉体的な競技(コンテスト)として，すなわち，知的及び肉体的技術が重要な位置を占める非実用的な競技(コンテスト)として定義づける」[Guttmann 1978：邦訳 17-18][1]としており，前時代のスポーツと対照して近代スポーツの明確な特質を，「世俗化」，「競争の機会と条件の平等化」，「役割の専門化」，「合理化」，「官僚的組織化」，「数量化」，「記録万能主義」の7点に分類している [Guttmann 1978：邦訳 34]．また，内田［1999：20-40］は，英語の辞書を見れば，「sport」の他動詞には「何かに突然変異を生じさせる」という意味があり，名詞には「普通の個体変異の限界を越えて突然変異した個体」という意味もあると述べている．つまり，スポーツとは「媒体」としての役割を果たす可能性を持つものとも考えられるのである．本章では，グートマンの主張と内田の主張に従い，「遊戯性，組織性，競争性，身体性によって特徴づけられる活動」[樋口 1987：23][2]であり，かつ「媒体」としての可能性を持つものを「スポーツ」と定義する．

次に，スポーツの価値について先行研究を概観する．

（3）スポーツ価値の先行研究[3]

ヴェブレン［Veblen 1899：邦訳 243][4]やアドルノ［Adorno 1955：邦訳 110][5]に見られるようなスポーツ批判はあるものの，ホイジンガ［Huizinga 1939：邦訳 1］やカイヨワ［Caillois 1967：邦訳 23］が言及したように，遊び（プレイ）から生まれたスポーツには，一般的に多くの価値の認識が存在する．[6]

まず，一般社会におけるスポーツの価値認識を概観する．一般的に，「見る」スポーツについては，エキサイトメント（興奮，ストレス発散等）[7]による価値が存在すると言われている．例えば，「オリンピックにおいて自国の選手の活躍によって国民が活性化される」という状況や，日本中の注目を集めた2008年北京オリンピックの興奮などは，スポーツのエキサイトメントによって喚起されうるものであろう．また，「する」スポーツについては，「楽しさを説明するために」概念化された，フロー体験（フローモデル）［Csikszentmihalyi 1975：邦訳 32］という価値認識がある．これは，スポーツ実践者が「身体を動かしたい」という人間の本源的な欲求を満たし，ストレスを発散し，身体内部の活力を生むことにより健康増進につながるという価値や，暴力に向かいかねない意識を解消

し犯罪発生の防止にも寄与するという価値となろう.

一方,わが国における政府各省庁の見解では,スポーツの価値は大きく分けて教育的価値,福祉的価値,経済的価値が提示されている.文部科学省は,2000年にスポーツ振興基本計画を発表し,その中でスポーツは,「人間の身体的・精神的な欲求にこたえる世界共通の人類の文化の一つ」であり,「活力ある健全な社会の形成にも貢献」[文部科学省 2000:1]できるものであるとし,教育的価値など4つの価値を挙げている.また,経済産業省は,「スポーツ資源」として,「競技者,指導者,施設,ノウハウ,資金等」を挙げ,さらに「企業スポーツ資源の消失は,直接的間接的にわが国のスポーツ体制の基盤を脆弱化させ」[経済産業省 2001:12]るとしており,ビジネス商材としての価値はもちろん,企業スポーツの社会的価値についても言及している.例えば,間野によれば,各省庁や地方自治体は,「スポーツ振興を通じて,児童生徒の教育・学習の充実,国民の健康保持増進,労働環境の改善,新産業の育成,余暇活動の推進,自然環境保護の推進,社会基盤の充実,社会保険の安定化,地域活性化,農村振興,観光振興,国際交流・理解など……,スポーツには様々な効能があると考えて」おり,「この意味で,スポーツ実践を促進するための施設やサービスは『メリット財』と言える」[間野 1998:89]としている.

一方,個人として獲得可能であり,自己の価値となるものは何であろうか.横山によれば,スポーツは,それ自体が「脳,心,身体の高水準の統合体」

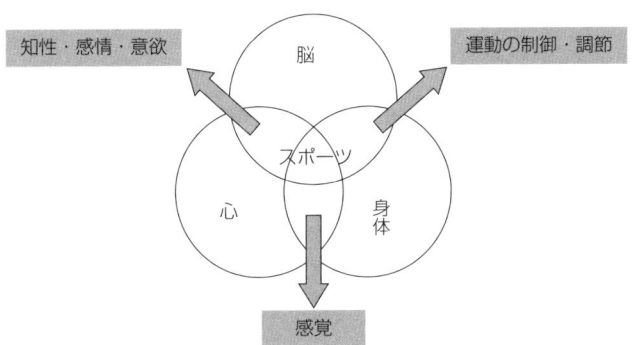

図1-1 スポーツ＝脳,心,身体の高水準の統合体
出所:横山「SMS基調講演」2004年.

6 第Ⅰ部 感動の価値創造

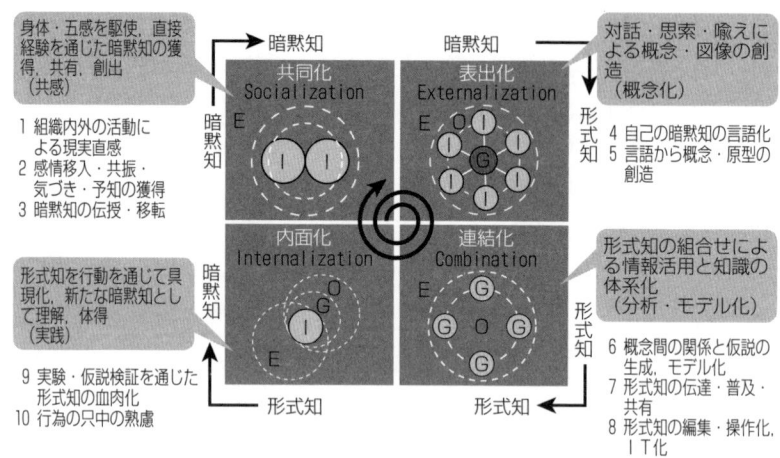

図1-2 組織的知識創造プロセス（SECIモデル：野中郁次郎）
出所：野中・遠山・平田［2010：29］に石井が追記．

［横山 2005］であり（図1-1），スポーツ実践によってバランスのとれた人間育成の可能性を示唆する．また，前述した「スポーツマンシップ」や，「技術に対する意識や練習法の自覚を実体験を通して身につけていくこと」などを指す「上達の秘訣」［齋藤 2001：74］を身に付けることができるのもその価値の1つと言える．さらに，チーム運営という組織デザインに関わることで，多くの情報や知識を身に付けて，人，施設や資金などの経営資源を配分する資源変換能力が高められる，という価値もあると考えられる．

その理由は，野中の言う「知識創造理論」［野中・竹内 1996：邦訳 10］の実践を，スポーツ経験（練習・ゲーム等）を通じて経験できるということ（図1-2）や，情報リテラシー（情報を収集し，編集し，発信する能力）を身に付けることができたという筆者の経験によるものである．

（4）感動の価値を共有する

　このようにスポーツには様々な機能があり，それらが媒体になって多様な価値を生み出すと考えられている．例えば，2011年の東日本大震災以降，なでしこジャパンの活躍が被災地復興に寄与したと言われているが，それはスポーツが有する「感動」の価値創造が主な要因であろう．つまり，これは，スポーツ観戦によって得られるエキサイトメントだけではなく，八木が「① 芸術的感動，② 参加による感動，③ 物語による感動，④ 学び成長する喜び」と指摘する経験価値が観戦者に醸成された結果と言える．また，スポーツによる感動は，観戦者だけでなく，それをする人にも蓄積されるということもある．

　筆者が経験した，北京オリンピック400mリレーでの決勝レースがそれである．筆者が3位でゴールインし銅メダルが確定した瞬間，また，興奮のあまり思わずバトンを放り投げてしまった瞬間，多くの方々に「感動した」と言って頂いた経験がある．しかし，それ以上に本人たちも「感動」しており，まさに感動の共有が，国民のさらなる感動を生むという貴重な経験をしたことを覚えている．また，日本アスリート会議[10]の主催する震災復興イベントに参加した際，津波や放射能問題で帰るべき家を失った子どもたち，あるいは元気のない子どもたちが我々と接することで，目がキラキラ輝き出したことに我々も感動した，という経験も持つ．さらには，メガシティマラソンがブームになっているが，これには普通の人が42.195kmを走り抜くという「達成感」が「感動」を生み，沿道で応援する人々も普通のランナーの頑張りに「感動」し，ボランティアもこれに参加したことで「感動」するという「感動の共有」がある．このように，スポーツは「する人」，「見る人」が共に感動を共有し，貴重な経験価値を両者に創造するという価値を有するのである．

　これらの感動の共有は，人と人とのつながりや絆を強める．つまり，社会・コミュニティ機能の活性化をもたらすソーシャル・キャピタル（社会関係資本）を醸成する役割がある［八木 2011：4］のである．このような活動を通じて，様々な生活環境と背景を持った人々が対等な関係で触れ合うことにより，人と人との絆が強められ，社会参加意識と社会における責任の認識が深まり，社会・コミュニティ機能が活性化することになる．

　このように，「スポーツが単に，競技における勝敗を求めるものではなく，

人間社会のあり方を求め，そのために社会規範の形成と人間性の鍛錬を目的としていること」［八木 2011：3］がスポーツの本質と言えよう．

2. 競技力の強化戦略と組織文化

（1）強化戦略

スポーツの価値は，競技レベルが高いほど，「見る」「する」「支える」人々の感動が広範囲に広がり，より強くなる．それによって，開催国では経済の発展や地域振興につながるし，それ以外の国でも国威発揚や消費マインドの向上が期待される．従って，国は，国策としてオリンピックなど世界的なスポーツイベントに力を入れる．例えば，文部科学省が日本オリンピック協会(以下 JOC)と組んで，メダルの数を目標に競技の強化に税金を投入する．その場合，図1-3のようなビジョン，ミッション，戦略，組織がしっかりしていないと，目的とする成果は得られない．

以下では，このような強化戦略を考える事例として，陸上競技で強豪といわれるジャマイカを取り上げ，その戦略を概観する．

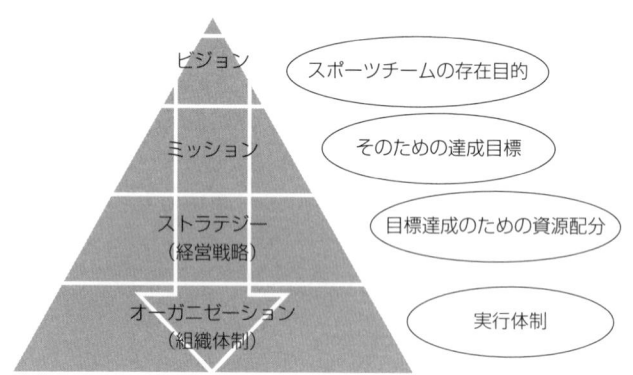

図1-3　強化戦略を考える場合のフレームワーク
出所：山本［2009：69］．

（2）強化戦略＝ジャマイカの事例

　北京オリンピックの男女短距離種目において，ジャマイカ代表選手は過去最高11個のメダルを獲得した．人口270万人，秋田県の面積ほどのカリブの小国は今，世界の陸上短距離界をリードする．その背景にはいくつかの理由がある．
　第1には，小学校の教科として陸上競技があることからもわかるように，ジャマイカにおいては陸上競技は国民が最初に接するスポーツなのである．小学校には，「スポーツデー」と呼ばれる日本の運動会の徒競走のような行事がある．そこで上位となった児童や見込みのある児童は，学校の陸上部に勧誘され本格的に陸上競技を行う．国民の関心も非常に高く，幼いころから陸上競技に親しむ環境があるのである．
　第2には，全国で行われる「champs（チャンプス）」の存在である．1910年から始まったこの歴史ある陸上競技大会は，毎週日曜日に性別，年齢別に細かく分けられ，全国各地で開催される．地区大会，ブロック大会を勝ち抜いた選手たちは，キングストンで行われる全国大会に出場できる．「champs（チャンプス）」の人気は，チケットを入手するために発売日の前夜から徹夜で並ぶほどである．人々が集まって盛り上がる大きなイベントであり，子供たちにとっては陸上競技もトップ選手も身近なものなので憧れの大会となる．数年前からは，幼稚園児を対象にした大会も開催されている．ジャマイカ陸連のホワード・エイリス会長は，「才能ある選手を見逃すことはありえない」と断言するほど，大会は網の目のように運営システムが整備されている．

（3）環境の整備

　そして，最近よく報道されるように，高校卒業後の選手の受け皿である大学の奨学金制度やトラッククラブの環境が整ったため，自国の選手を恵まれた競技環境で育成し，選手の海外流出を留めたことも，ジャマイカ陸上の大躍進につながっている．北京オリンピックでジャマイカが獲得した11個のメダルのうち，リレー種目を除いて6個のメダルをジャマイカで生まれ育った選手が獲得した．ウサイン・ボルト選手もその一人である．これまでのメダリストたちは高校卒業後，アメリカの大学に留学するケースが多かった．しかし，多くの選手たちはアメリカの大学の過密な練習・試合日程などで故障したり，燃え尽き

たりして期待されるほどの結果を残せずにいた．

それに歯止めをかけるべく，1999年にブルース・ジェームス氏はMVP（Maximizing Velocity and Power）トラッククラブを設立するのである．キングストン工科大学の協力も得て，大学から奨学金をもらいながら授業を受け，MVPで練習する選手も多くなってきた．このクラブができるまで，高校を卒業した選手の受け皿はなかった．チャンプスなどで上位に入れないとアメリカ留学は叶わないのである．クラブ設立により，ジャマイカに残る選手も競技継続が可能になり，さらには，ボルト選手が所属するレイサーズトラッククラブができたことでも選択肢が増えたのである．

（4）アスリートの選択肢の増加

北京オリンピック前と比較して，国内に留まるという選択肢が増えたことも確かだが，国内に留まった選手でも，自らその道を選んだ能動的選択か，事情があってやむを得ずに受動的選択をしたかに分かれる．男子100m 元世界記録保持者であるアサファ・パウエルや北京オリンピック女子100m 金メダリストであるシェリー・アン・フレーザーはアメリカ留学を希望していた．しかし，アサファ・パウエルはチャンプスの決勝でフライングして結果を出せず，フレイザーは学業面でアメリカの大学の推薦基準に至らなかった．一方で，2008年に世界ジュニアで活躍したトップ選手たちは，ジャマイカのトップクラブに加入することを嫌ってアメリカのプロチームに入っている．また，アディダスやプーマといったスポンサーが高校卒業後すぐにトップ選手を青田買いして囲い込みプロにさせるため，アメリカやジャマイカの大学に行かずにそのままプロとしてジャマイカに残る選手も出てきた．

確かにジャマイカにある2つの有力大学（キングストン工科大学＆MVP，西インド大学＆レイザース）は，奨学金や寮を用意するなど，陸上選手だけでなく様々なスポーツ選手を優遇している．ジャマイカは小国なので，陸上競技以外のスポーツでは，大学のトップ選手＝国のトップ選手もしくは強化選手である場合が多く，各連盟の人たちが大学で働きながらコーチをしているケースが多々ある．つまり，国のスポーツ強化政策として大学をサポートしている．しかし，学生生活や選手生活が終わった後に職が保障されているかと言えば，それはか

なり厳しく，陸上で成功を収められなかった選手は普通に職を探さなければならない．そのため，選手生活の将来を見据えてアメリカ留学を希望する選手たちがいるのである．

（5）強豪ジャマイカの本質
　筆者が，ジャマイカの強化戦略に最初に関心を抱いたのは，1988年ソウルオリンピック男子100m，カール・ルイスとベン・ジョンソンの世紀の一騎打ちと言われるレースであった．世界記録で勝者となったベン・ジョンソンはカナダ代表選手であった．その後，1992年バルセロナオリンピック男子100mで優勝したイギリス代表のリンフォード・クリスティーや，1996年アトランタオリンピックにおいて世界記録で優勝したドノバン・ベイリーも，カナダ代表選手であった．彼らはジャマイカ出身であるが，家族と共に幼少時に移民した人たちでスポーツ移民ではない．
　オリンピック陸上短距離でメダルが量産されるようになる背景には，前述した国としての選手の育成・強化策がある．しかし，ジャマイカ陸連の強化策はあまり見えてこない．チャンプスがタレントの取りこぼしのない優れたシステムだとしても，日本も同様でインターハイというシステムがあり，選手たちはそれぞれの現場，学校などの先生やコーチたちに支えられている．また，その後トップ選手ならば大学でのサポート・強化もある．トップクラスには大学卒業後に実業団サポートも用意されている．
　強いてジャマイカ陸連の特徴を挙げてみると，ジャマイカは国土が秋田県くらいの小国であるため，ジュニアレベルの大会でも陸連のトップがいつも競技場に足を運んでいる．シニアになって急に選手が陸連関係者に接するわけではないので，それぞれに密接な関係が作れている．陸連には専務理事などなく，仕事の傍ら選手をチェックしている熱心さがある．高校のコーチを陸連の理事と元オリンピックメダリストがしていることも多い．ジャマイカは大学が少ないため，大学コーチという役職は限られている．競合するキングストン工科大学や西インド大学のコーチは，クラブの選手の指導もするプロのコーチなので，他の人に枠はない．そのため，優秀な人材が中学や高校のコーチになるというケースが多く，それが強化につながっていると考えられる．前記2有力大

学のコーチ陣は，ナショナルコーチも兼任しているケースが多い．つまり，ナショナルコーチがトップ代表選手を指導する確率が高く，アメリカのようにリレーのバトンミスが少ないのはそのためかと思われる．

一方で，まだまだよくわからない点も多い．有力2クラブからバランスよく代表選手が選ばれリレーメンバーが組まれるのだが，リレーコーチは存在しない．ジャマイカ選手（アメリカ選手）の多くはトップ選手でも，コーチの指示がなければトレーニングができない．強さの秘訣は，競技場内での徹底したコーチの管理主義にあると考えられよう．

次に，こうした戦略を下支えする組織について，特に組織行動を決定する組織文化について考える．

（6）組織文化とは何か

組織文化とは何か，を語る前に，スポーツと並んで定義が難しいと言われている文化について検討する．

文化とは，一般的に，「人間が自然に手を加えて形成してきた物心両面の成果（広辞苑）」と理解されているが，シャインによると，「個々人および集団としての行動，認識方法，思考パターン，価値観を決定する，強力ではあるが潜在的でしばしば意識されることのない一連の力」と定義されている[11]（図1-4）．

一方，組織文化とは「グループが対外的課題をこなし，内部の人間関係に対

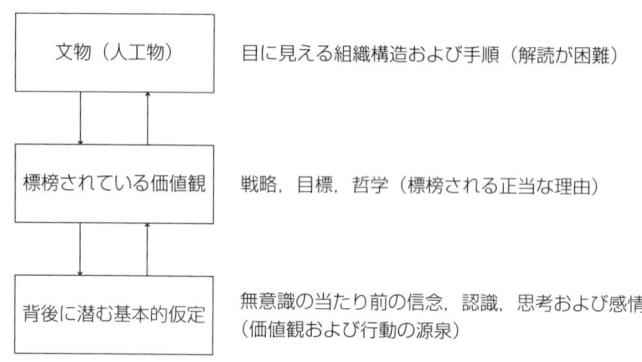

図1-4　文化のレベル

出所：Schein［1999：邦訳 18］．

処する中で獲得してきた集団内で共有された暗黙の仮定（シャイン）」と定義されている．また，組織文化が問題となる理由は，「文化的要素が，経営の戦略，目標，業務方針を決定する」からであるともいう [Schein 1999：邦訳 14-15].

佐藤，山田によれば，組織文化の諸要素は，①儀礼，②遊び，③表象，④共有価値，⑤無自覚的前提の5つが，これまでの研究によって明確になっているという．例えば，儀礼は，入社式などの通過儀礼（新しい地位＝役割の取得を円滑にする儀礼）や表彰式等の高揚儀礼（社会的アイデンティティやパワーを活性化する儀礼），あるいは新年会などの統合儀礼（共属感情を高める儀礼）などがある．また，「遊び」は，職場でのコーヒーブレークやアフター5の"飲み"といったものであり，インフォーマルではありながら，象徴的な意味をも含むとされる．さらには，CI（コーポレートアイデンティティ）など，表象（シンボル）は組織を活性化する役割を担う．そして，これらの積み重ねによって蓄積される，組織の構成員によって共有されている価値や信念よりももっと深い次元に位置する「無自覚的前提」（例えば，ハードワークが当然のこととして多くの社員に捉えられている）が，組織文化を強化するのである [佐藤・山田 2004：50-55].

田尾によれば，組織文化形成の要因は，「集団内分散が小さくなること」にあり，その条件は5つ（①近接性，②同質性，③相互依存性，④コミュニケーション・ネットワーク，⑤帰属意識の高揚）あるという．その中でも，帰属意識を強化するための方策としては，「対外的に，自分の会社の野球やサッカーのチームを応援することなども，会社へのアイデンティティを高めて，メンバー間の認知の分散を小さくしている」とする [桑田・田尾 2004：191-94]

さらに，伊藤は，「企業には3つの資産がある」という．1つ目は，資金や設備などのビジネスキャピタル（事業資産），2つ目は，社員のナレッジに代表されるインテレクチュアルキャピタル（知的資産），そして3つ目が社員の活力，結力となるエモーショナルキャピタル（情的資産）である [伊藤 2008：286]（図1-5参照).

特に，3つ目のエモーショナルキャピタルは，日本人の心性の特殊性と関係が深いと考えられる．これについて，源は，「個人が直接に社会とあい接するのではなく，『家』という媒体を通じて接触するという社会と個人の関係のパターン」の存在を挙げる [源 1982：50]．つまり，「あらゆる共同態（原文まま）

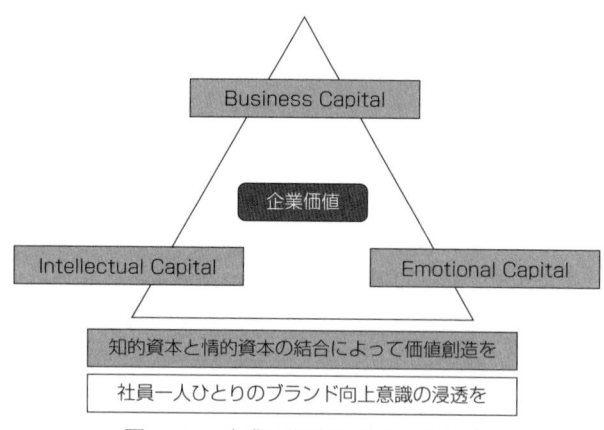

図1-5　企業が保有する3つの資本
出所：伊藤 [2008：286].

をいずれも『イエ』の擬制体としてつくりあげ，『うち』と『そと』をあらゆる面において区別し，差別してきた」[三戸 1976：55] のである．従って会社は，「自己にとっての客体としての認識ではなく，私の，また我々の会社であって，主体化して認識されて」おり，「場の共通性によって構成された集団は」，「枠によって閉ざされた世界を形成し，成員のエモーショナルな全面的な参加により一体感が醸成されて集団として強い機能をもつ」と指摘されるのである [中根 1967：70].

3. スポーツと組織文化

(1) スポーツの組織論的価値

　スポーツによる組織文化向上を果たすためには，スポーツを「する」「見る」「支える」上での価値について明確にしたうえで，特定の組織に埋め込んでいく必要がある．スポーツが組織に対して「効く」機能，つまり価値は次の4つである．第1には，組織を活性化させるエキサイトメント性である．エキサイトメントについては前項でも言及したが，エリアスのいう「戦いの模倣的興奮」が組織の一体感を醸成し，組織文化の形成に寄与するのと考えられるのである．第2には，倫理観，コンプライアンスを組織に浸透させる象徴としての価

値である．これは，「スポーツマンシップ[12]」という概念で表されるものである．バーナードは，組織に求められるものとして，有効性や効率とともに，道徳性（morality）の重要性を挙げているが［Barnard 1938：邦訳 272］，阿辻も「組織有効性」と「個人能率」，さらに社会に対する「道徳性を3元の尺度におきながら示唆している」（図1-6）［阿辻 2003：75-76］ように，その組織道徳を重要視する組織論の提示である．スポーツはその道徳性を組織に醸成するコンテンツであり，シャインが言うように良質な組織文化の創造に寄与すると考えられるのである．

　第3には，スポーツの持つ娯楽性が，組織内のコミュニケーションを円滑化するという価値を持つと考えられることである．これは，例えば自分の会社のスポーツチームを応援することや，試合結果など組織成員が共通の話題にすることなど，縦割り組織が内的統合を果たす手段として機能するものである．第4には，これはわが国特有のものと言えるが，企業スポーツが持つ，企業組織における「共感」という心的安定感を喚起する装置としての「情的資産（エモーショナルキャピタル）」としての価値である．

　日本人には，組織を「家の論理」で捉える感性があるため，従業員は企業組織においても家族に抱くような「共感」によって長期的な心的安定感を求めるものであると考えることができる．佐伯の「企業アイデンティティの醸成と企業モラールの高揚という機能こそ，企業スポーツの最大のメリット」［佐伯

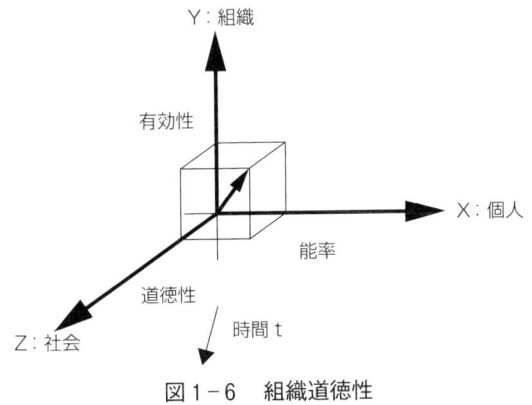

図1-6　組織道徳性

出所：阿辻［2003：76］．

1999：2］であるという指摘は，このような背景からくるものである．このことからも企業スポーツは，後述するように過度のグローバリゼーションがもたらした，いわゆる「近代の弊害」を払拭するシステムとして機能すると考えられ，組織における独自の価値をもたらしうると考えられるのである．

（2）21世紀における組織論

20世紀の組織論は，「人の集合である組織を，どのようにすれば，ひとつの方向に動かすことが出きるのか．あるいは，動き出せる条件とは何か．それらの要件を，いわば診断的に検討すること」［桑田・田尾 2004：374］すなわち，個人の関係性や組織デザインに関わる議論であった．しかし，21世紀になって，組織の力ではどうにもならない，構造的変化が起こってきた．組織の力ではどうにもならない問題に対しては強い個性で対応しなければならない．その代表的事例が，アップルの創業者である，ジョブズの存在であった．ジョブズの強い個性がクリエイトし，既存の文化や価値観とは完全に切り離した世界，すなわち業界を非常識な方向へ誘導した，という現象である．その一例が，ネット上での音楽や映画の配信（販売）を実現した「i（アイ）チューンストア」である．このコンセプトは従来から存在していたが，著作権の問題等で容易く実現するものではないと思われていた．しかし，ジョブズはその問題をクリアし，ビル・ゲイツをも悔しがらせたのである．

（3）スポーツの組織的作用

スポーツの世界も同様であり，チームワークやリーダーシップ，スポーツマンシップという用語は普遍的に必要な概念ではあるが，イノベーションの源泉とはなり得ないのではないかと思われる．例えば，野球選手も自分を表現したいという欲求がある．しかし，日本の野球界における価値観は，強い個性は二の次で，監督の強いリーダーシップや企業としての組織論，選手においては没個性や自己犠牲の上に成り立っているので，選手の常識はずれの個性的な発想はその芽を徐々に摘まれていくのである．この傾向は，特にわが国の伝統的なスポーツ，柔道や剣道，野球等のスポーツの顕著に表れると考えられる．

（4）筆者（朝原宣治）の場合

　一方，陸上等の個人種目においては，先人の「記録」というものを更新していくのが使命であるため，従来と同じ発想でトレーニングをつんでも「新記録」を樹立することは稀である．ところが，陸上の世界でも，師弟関係という伝統的な育成システムにおいては，よほどその師匠がジョブズなみのイノベーターでない限り，強い個性を育むことは不可能であると考えられる．[13]

　その点において，筆者は，わが国の陸上競技（短距離）常識にとらわれない，比較的自由な発想でトレーニングを積み，実績をあげてきたと言える．例えば，それは，特定の指導者をつけない，外国に移り住み様々なコーチからトレーニングを教わった，などである．こうした環境の整備を可能にしたのが大阪ガスという筆者が所属する会社の理解である．大阪ガスは公益企業であり，特異な発想や活動が出にくいと思われる企業である．ましてや，当時の大阪ガスにスポーツに対する斬新な戦略があったわけではない．たまたま，カンパニースポーツ（企業の象徴としてのスポーツ＝勝つための組織）として，野球と陸上が存在し，日本記録を出した陸上競技選手であったので筆者が採用されたにすぎない．そのため，ドイツ留学に際しては，社内の従業員に知られずにひっそりと進めたほどである．しかし，21世紀が幕を開け，ポスト近代の象徴と言えるリーマンショックの頃，たまたま，大阪で開催される「世界陸上競技大会」を契機に，にわかに「朝原支援」の声が社内で高まってきたのである．

（5）強い個を育てる組織文化

　北京の銅メダルが多くの幸運の上に獲得できたものであることは否定しない．しかし，その幸運も筆者が20年という長い年月をかけて日本のトップであり続けたこと，そのためにはトレーニングのイノベーションの積み重ねがあったればこそだと思われる．

　ところで，島津製作所が，後にノーベル賞を受賞する田中耕一氏を採用する際に，人事部の採用担当は，田中氏の研究能力を評価しながらもコミュニケーション能力の面で評価が低いということで採用見送りを進言したという．しかし，当時の社長が，「あのような人もいなければ組織が変わらない」と言って採用を決定したという．そのため，田中氏は入社を許され研究に没頭できたの

である．このことは，視点を変えれば，田中氏の才能もさることながら，強い個性を受入れる組織文化があったからこそであり，それにより田中氏の発想も豊かになり，ノーベル賞へとつながったと言えるのである．

際立ったものを創りだす個人を許容しながら，その能力を活用できる組織にならなければ，これからの競争には生き残れないのである．つまり，自立した個性を大事にする，そしてその個性を活かしきることができる組織が持続可能な発展を成し遂げると言えるのである．

注
1) また，杉本［1995：32］は，「スポーツはプレイを中核とし，ゲームによって構造化され，社会において文化として組織化された身体活動」と指摘しているように，多くの研究者が定義を試みているが，そのキーワードは，「ゲーム」「身体」「文化」であると考えられる．
2) 樋口はさらに「スポーツとは，日常生活とは異なる意味関連を持つ特殊な状況のなかで（遊戯性），人為的な規則にもとづき（組織性），他人との競争や自然との対決を含んだ（競争性），身体的活動（身体性）である」とする．
3) 本項については，石井［2006：136-39］を主に引用した．
4) ヴェブレンは，「スポーツは，もっともらしい目的のみせかけをもった本質的な無用な行為」などと辛らつなスポーツ批判を展開した．
5) アドルノはヴェブレンの「みせかけること」というスポーツ批判を支持し，「スポーツはペテンの要素になる」という．
6) ホイジンガは人間を「遊ぶ存在」ととらえ，「人間の文化は遊びにおいて，遊びとして，成立し，発展した」とし，カイヨワは，「競争の遊び（アゴン）はスポーツに行きついた」と指摘した．
7) 多木［1995：10］は，「もともとスポーツという概念は，発生の時から観客を含めた社会（社交）の中で成立してきた」ものであり，「観客として味わうエキサイトメントに，スポーツの社会的，文化的本質が含まれているのである」という．また，この考えは，エリアスの「文明化の過程」理論に依拠するものである．エリアスは，スポーツによるエキサイトメントについて，「戦いの模倣的興奮」と表現し，「想像上の環境のなかで喚起される非常に強い感情，および他の多くの人々と一緒になった時の感情の率直な表出は，……愉快……，開放感を与えてくれる」という［Elias and Dunning 1986：邦訳 60-61］．
8) ①スポーツは青少年の心身の健全な発達を促すもの……，自己責任，克己心，フェアプレーの精神を培う……．……青少年のコミュニケーション能力を育成……．（教育的

価値)，②住民相互の新たな連携を促進（地域コミュニティの形成)，③スポーツ産業の広がりとそれに伴う雇用創出（経済的価値）と，……国民の……健康増進に……貢献し……，医療費の節減（福祉的価値)，④国際的な友好と親善（コミュニケーションを促す機能)．以上の4項目を挙げている［文部科学省 2000：1］．

9) 財は基本的には需要と供給により合理的に取引されるべきだが，財の性質が社会にとって大変好ましい場合，それを市場に委ねずに政府自らが提供した方が，社会全体に行きわたる場合がある．このような性質の財を「メリット財」という．例えば，初等教育や高齢者福祉などはメリット財である［間野 1998：88］．

10) 一般社団法人日本アスリート会議．2011年設立．顧問は工貞治ソフトバンクホークス会長．政府や財団の補助金を一括して会議が申請，獲得しスポーツNPO法人対する側面的支援を主な活動としている会議体．主なメンバーは，岡田武史氏（元日本サッカー代表監督)，井村雅代（シンクロナイズドスイミング元日本ナショナルコーチ）など．

11) 例えばシャインによれば，文化とは「個々人および集団としての行動，認識方法，思考パターン，価値観を決定する強力ではあるが潜在的でしばしば意識されることのない一連の力」であるという．また，組織文化が問題となる理由は，「文化的要素が，経営の戦略，目標，業務方針を決定する」からであるともいう［Schein 1999：邦訳 14-15］．

12) スポーツマンシップは元来，「『スポーツマンらしい振る舞い』という意味」であり，それは「礼儀正しい振る舞い，正々堂々と戦うこと，公正であること，協力することなどを意味」する［友添・近藤 2000：183-184］．この考え方は，多木のいうように「スポーツは合意されたルールに従うことを合理的と見做す点では，典型的に規範的な社会のモデルである」［多木 1995：109］という前提で成り立つ．さらに，広瀬は，スポーツマンシップの要諦は「尊重（respect)」にあるという．ゲームが成り立つ3つの条件，ルール，審判，相手を尊重する．つまり「ゲームを尊重することは自分や他人を冷静に評価することにもつながる」とし，「人格的な総合力」の向上が期待できるという［広瀬 2002：69］．

13) 北島康介のコーチである，平井伯昌氏（水泳日本代表ヘッドコーチ，2012年7月現在）や，福島千里のコーチである，中村宏之氏（北海道ハイテクAC監督）などはイノベーターと言えるのではないか．

第2章

スポーツの組織と文化

1. チームビルディングとは何か

　今まで，組織論の立場からスポーツの価値を概観してきた．本章では，その価値を実際のスポーツ組織で活用するための方法論について論じる．その際，参考になるのがチームビルディングの理論である．
　チームビルディングとは，一般的に「組織の個人的，集団的な要因の直接アプローチして，チームの風土の活性化をうながしていくプロセス」[北森 2008：4]であるといわれている．コーチングやファシリテーションと同様に，リーダーに求められるマネジメント能力の1つである．スポーツにおける組織を成功に導くことにも，このチームビルディングの概念が必要となる．
　チームビルディングのアプローチは，それを実行する者のメンバーへの関わり方によって以下の2つに大別される[1]．まずは，間接的アプローチである．これは組織風土へのアプローチといわれ，監督やコーチへのコンサルテーションが中心である．例えば，ワークショップ等を通じて彼らのリーダーシップ機能の向上，あるいはメンバーとのコミュニケーション・スキルの改善が目指される．メンバー（選手）に直接働きかけなくても，リーダーである彼らの行動変容を通じて，チームの組織風土の改善ならびにチームワークの向上がもたらされると考えられている．次には直接的アプローチであるが，これはメンバー個々への働きかけを重視するアプローチであり，例えば，野外活動プログラムを通じて問題解決場面を設定したり，集団目標の設定作業を通じてチームビルディングを行うといったことである．
　チームビルディングを進めるにおいては様々なものが関わってくる．これに

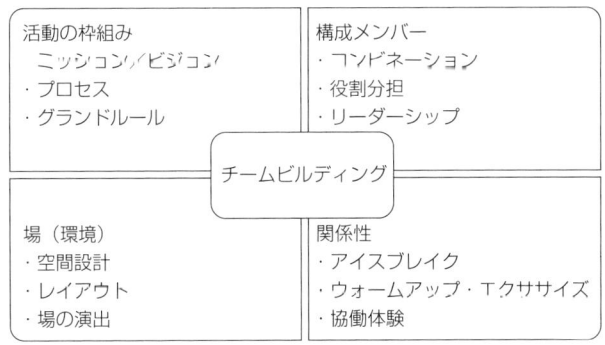

図2-1　チームビルディング4つの要素

出所：堀・加藤・加留部［2007：29］を改編．

は図2-1に示したように，4つの要素がある［堀・加藤・加留部 2008：29］．1つ目は活動の枠組みである．これはチーム活動の狙い，目標（ゴール），プロセス（段取り），活動指針（規範）などチームを作る上での枠組みをデザインし，メンバーの間で共有するということである．2つ目は，構成メンバーである．チームビルディングのかなりの部分は，その土台となる構成メンバーの個性とメンバーの組み合わせにかかってくる．従って，チームの力を最大限に発揮するには，メンバー選定が最も重要な要素となるのである．3つ目は場（環境）である．チーム活動はメンバーの気持ちに左右され，それは場から多大な影響を受ける．部屋選び，座席のレイアウト，空間の演出など活動スペースをどのようにデザインするかが重要な要素となる．4つ目は関係性である．活発なコミュニケーションを行うには，メンバー同士の関係性がしっかりとできていなければならない．アイスブレイクや簡単なエクササイズ（協働体験）を通じて，関係性作りを促進していく必要がある．

　チームビルディングを司るリーダーやファシリテーターは，チームを作る時に，これら4つの要素を使ってチームビルディングのプロセスをデザインしておく．そして常にチームの状況や変化を観察しながら，必要な手を打っていくのである．その積み重ねが，最終的にチームの活性化を決定するものとなる．

　わが国においては，チームビルディングの多くが，チームスポーツにおけるメンタルトレーニング（メンタルマネジメント）の文脈の中で実施されてきてお

り，そこではリーダーシップ・スキルおよびコミュニケーション・スキルの向上に焦点が当てられてきたと言われている．

このようにスポーツにおけるチームビルディングはおもにチームスポーツを中心に語られることが多いが，基本的に個人種目の代表と目されている陸上競技でもこの概念が重要となる種目がある．リレー競技である．以下では，筆者の経験から，チームビルディングを視点に，400mリレー種目の本質について考えたい．

2. 事例研究：北京オリンピックリレーチームに見るチームビルディングの本質

（1）日本代表4×100mリレーチームの変遷と強化策

1988年ソウルオリンピックで初めて，4×100mリレーチームが派遣された．それまでは，個人競技力の世界との差が大きすぎたため見送られてきたのである．ソウルオリンピックでは，個人での活躍も期待できる青戸慎司（この年に10″28の日本記録を樹立），山内健次，栗原浩司，高野進でオーダーが組まれた．しかし，400m代表の高野が本番直前でアンカーに起用され準決勝落ちするなど，まだまだ決勝で世界の強豪国と勝負するようなチームではなかった．4年後の1992年バルセロナオリンピックでさらに充実したメンバー（青戸慎司・鈴木久嗣・井上悟・杉本龍勇）で，38″77というタイムをもって60年ぶり6位入賞を果たし派遣2大会目にして結果を残すのである．

そして，前回大会を上回るメンバーの結集に，アトランタオリンピック日本代表リレーチームへの期待は高まった．そのメンバーには200m 20″16の日本記録を持つ伊東浩司，100m 10″20の元日本記録を持つ井上悟，そして，10″14の日本記録を持つ筆者がいた．そのうち，伊東浩司（200m）と筆者（100m）は，同オリンピックでそれぞれ個人種目に出場し準決勝まで駒を進めた．近年の世界大会において，個人種目で準決勝まで進んだ選手は井上悟くらいなので，同大会はメンバー4人中に，世界大会準決勝進出経験者が3人もいたことになる．しかし，3走井上悟，4走筆者の間にバトンミスが生じ失格という残念な結果となったのである．

（2）バトンパスを日本のお家芸に

　この結果を踏まえ，翌年開催されるアテネ世界選手権に向け，バトン練習強化を徹底して行う必要があると皆が認識した．とはいうものの，陸上競技は団体による強化が非常に困難な究極の個人種目である．当時，伊東浩司は独自で考案した練習法を確立しつつあり，他の選手と合同で練習をすることは難しかった．当時の選手は独特の個を持っており，練習中に気軽に話しかけることやプライベートで仲良くする雰囲気でもなかった．さらに当時，筆者もドイツを拠点に練習をしており，日本代表短距離合宿に参加したのは，代表に決まってからであった．4人そろって十分なバトン練習が行われなかったが，前年よりはチームがまとまり始めていた．アテネ世界選手権でのメンバーは昨年と同じで走順が変わった．前年3走の井上悟は1走へ，エースの伊東浩司は直線の2走へ，そしてアンカーの筆者は土江寛裕からバトンを受け取った．予選から順調な走力とバトンワークで悠々と準決勝へ進んだ．1レーンという運が悪い準決勝であったが，38"31で当時のアジア記録をマークした．その年はリレー出場国の層が厚く決勝には進めなかったが，日本のリレーが安定して世界と戦える力を持つことが証明された．

　1999年のセビリア世界選手権では，筆者が怪我で離脱し，伊東浩司以外に個人種目で戦えるメンバーが揃わず，4×100mリレーの派遣は見送られた．これは，近年の日本リレーチームの競技力の向上が認識されていたが，個人の力無くしてチームの発展なしという当時の高野強化部長の理念が貫かれた結果であった．

　2000年のシドニーオリンピックでは，世界と戦える若手選手がメンバーに加わり，史上最強との評価も高かった．1走に学生チャンピオン川畑伸吾（その年10"11）が加わり，共に同大会200mで準決勝に進出した2走伊東浩司と3走末續慎吾，アンカーは筆者であった．準決勝で2度目のアジア記録38"31で決勝に駒を進め，決勝でも上位を狙える位置にいた．しかし，末續慎吾の肉離れにより私とのバトンパスで大幅に減速してしまった．それでも6位入賞を果たし，日本リレーチームの存在感を示す結果となった．

（3）完成したアンダーハンドパス

　高野強化部長の発案により，2001年から日本リレーチームのバトンパスは，これまでのオーバーハンドパスからアンダーハンドパスに変更された．これは走りのフォームを崩さないバトンパスを可能とするが，個人の走力が必要となる．東海大学所属の高野強化部長と日本のエースに台頭した末續慎吾の師弟コンビにより，東海大学を拠点とした日本代表合宿が組まれるようになった．そして，2003年には末續慎吾が200mで日本人初の銅メダルを獲得することで，益々日本代表候補選手の求心力を高めていった．この頃から，日本代表選手になるべく選手が強化合宿に参加し，その時にある程度想定した選手たちが代表選考会で勝ち抜き，代表の権利を獲得しリレーオーダーを組むような体制になった．そうすることで，早い時期に選手の特性が見極められ，より的確なリレーオーダーの配置ができ，個々の選手達はより自分が果たすべく役割を知りやるべくことに集中して本番に向け準備することができた．

　そして，2004年アテネオリンピックに向けては，未だかつてない頻度で日本リレーチームとしての強化合宿が行われた．高平慎士の加入もあり，アテネオリンピックでは史上最高順位となる4位入賞を果たした．この大会において北京オリンピックリレーで走った3走高平，アンカー筆者のコンビが確立した．

　2006年には休養中の筆者を除き，日本のエースである末續慎吾，高平慎士，そして新たな高野門下生である塚原直貴がリレーメンバーとなりワールドカップ3位となった．そして，2007年大阪世界選手権で筆者の復活により，北京オリンピックでのメダル獲得となったリレーチームが完成した．2000年シドニーオリンピックから共に戦った末續慎吾，2004年アテネオリンピックから筆者にバトンをつないでいる高平慎士，そして，末續慎吾の後輩である塚原直貴が集まり，個人の競技力をもとに固い結束力が生まれたのである．

（4）リレーの真髄＝究極のチームワーク

　この4人は，世界を見据えて戦い，お互いに決して負けるわけにはいかないライバル同士であった．そして，何よりもお互いに選手として，人間として認め合う仲間でもあった．リレーオーダーを組むためには，選手特性を考慮しなければいけない．1走には，レースにおいてそのチームの勢いを生み出す大切

な役割がある．1走の塚原直貴はカーブが走れ，ここぞという時の集中力と爆発力が素晴らしい選手である．世界の強豪がひしめき合う2走には，彼らに引けを取らない度胸とスピード維持能力が必要とされる．2走の末續慎吾はその条件を満たす選手である．カーブでバトンの受け渡しをし，最終走者にバトンを繋ぐ大切な役割を担う3走には，カーブでの加速が得意であることは当然であるが，それに加えてバトンパスの起用さや正確さが求められる．高平慎士は，本番での風などグランドコンディションやリレーメンバーの調子を的確に把握し，それに合わせてメンバーとのバトンパスの間合いやスタートのタイミングを見事に調整できる冷静な選手である．そして，この人にバトンを繋げばあとは何とかしてくれるだろうと皆から信頼されなければいけないのがアンカーである．10年以上に渡って日本リレーチームのアンカーを任されてきた筆者は，スプリンターのパイオニアとして世界に挑み日本記録を3度更新してきた．3選手はこのような姿を見ながら日本代表入りを果たし，筆者とリレーチームを組むことになった．これまでに例がない長い期間，日本代表チームを牽引してきたことがこれを可能にした．モチベーションが下がる期間も経験したが，末續慎吾のパリ世界選手権200mでの銅メダル獲得に刺激を受け，新たな目標に奮起した．メダルに手が届きそうで届かない大会が何度かあったが，選手寿命には期限があり引退も考え始めた．大阪世界選手権大会前には，リレーメンバーへメダル獲得を懇願した．しかし，メダルの獲得はならなかった．北京オリンピックを最後に引退表明していた筆者に，メンバーは最後にメダルを取らしてあげたいと奮闘してくれた．そのような思いが，連帯感を生む効果となりチームの深い絆となった．このようにお互いに刺激し尊敬しあう関係が最強のチームを作ったのである．

3．スポーツの価値とソーシャル・キャピタル

(1) スポーツが有する社会的価値

　スポーツには，チームを形成する上で有する価値，すなわち組織的価値が存在する一方で，第1章でも取り上げたように，世の中を元気にし，地域のつながりをつくる資本となるなど社会的価値が存在すると言われている．例えば，

W杯を戦う，サッカー日本代表を応援したり，ひいきのプロ野球チームを応援する中で得るエキサイトメントで元気になったり，地域への帰属意識が高まったりすることは，誰にでも経験があることであろう．また，トップスポーツでなくとも，スポーツを通じた地域交流がいたるところでなされている．スポーツには人と人とをつなぐ機能があるのである．例えば，1993年に発足したJリーグは，ホームタウン構想という理念を掲げ，サッカーだけでなく多くのスポーツを通じた地域アイデンティティの強化や，人と人とをつなぐための触媒としての機能を発揮している［横山 2011：334］．

このように地域社会において人と人とをつなぐものを，ソーシャル・キャピタル（Social Capital）という．

（2）ソーシャル・キャピタルとは何か

ソーシャル・キャピタルとは，「社会関係資本」と訳され，人間がつくる社会組織の中に存在する信頼，規範やネットワーク等のソフトな関係を指す．

その定義は，宮川・大守によると「広く，人々がつくる社会的ネットワーク，そしてそのようなネットワークで生まれる共有された規範，価値，理解と信頼を含むものであり，そのネットワークに属する人々の間の協力を推進し，共通の目的と相互の利益を実現するために貢献するもの」である［宮川・大守 2004：3］．ソーシャル・キャピタル論の普及に大きく貢献したパットナムは，「信頼や規範，社交ネットワークといったソーシャル・キャピタルの蓄積は，自然に強化され，累積されていく傾向を持っている」と指摘しており，ソーシャル・キャピタルの累積は，人々が新たな取り組みをする際の「協働を促す社会資産」になるという［Putnam 2011：35-42］．

スポーツがソーシャル・キャピタル醸成に貢献するという事例は多い．それは，総合型地域スポーツクラブやオリンピックなどのメガイベントにみられる［伊多波・横山・八木ほか編 2011：124-32］．これらの事例は，スポーツ基本計画など政府主導の政策の枠組みにおいて，地域のボランタリーな組織がその中心となるケースや，Jリーグのようにプロ組織が中心となるケースがほとんどである．しかし，そのほかにもユニークな事例がある．それは，企業が社会戦略の枠組みの中で，自社のスポーツ資産（企業スポーツで育成したトップアスリートや自

取引のコスト低減＝社会の効率性

社会的信頼

ソーシャル・キャピタル

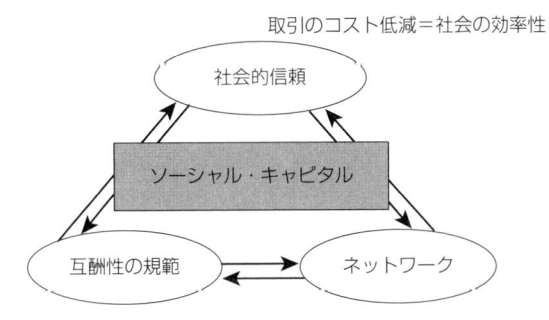

互酬性の規範　　　　ネットワーク

互酬性＝相互依存的な利益交換　　「垂直的」と「水平的」がある
⇒利己心と連帯の調和に役立つ　　水平式＝近隣集団やスポーツクラブ
　　　　　　　　　　　　　　　　⇒相互利益に向けて積極的に行動

図2-2　ソーシャル・キャピタルの概念イメージ
出所：内閣府国民生活局［2003：15］に筆者が加筆.

社のスポーツ施設）を活用してソーシャル・キャピタル形成を志向する事例である．ここでは，大阪ガス株式会社の従業員であり，かつ陸上競技北京オリンピック銅メダリストの筆者が主宰している陸上競技クラブ「NOBY T&F CLUB（ノビィトラックアンドフィールドクラブ，以下 NOBY）」を取り上げ，スポーツの価値とソーシャル・キャピタルの関係性について概観してみたい．

（3）朝原陸上クラブ「NOBY」の挑戦[2]

　NOBY は，筆者のトップアスリートを自ら育成したいという思いを社員として所属する大阪ガスが具現化してくれる形で生まれた．陸上競技のトップを育てるという希望をかなえるためには，日本陸上競技連盟においてトップ選手を育成するという方法が妥当であろう．しかし，筆者は，銅メダル取得以降増加した，スポーツ教室開催依頼に応えるために全国を行脚した際，一期一会的な子どもたちとの交流の中で，継続的な指導の必要性を感じていたため，継続的な指導が可能な「クラブ」の立ち上げを会社に願い出た．大阪ガスも，自社資産の有効活用，CSR を効果的に推進するための方策の1つとして理解を示してくれ，「スポーツを通じた青少年の育成」を理念に発足を支援してくれたのである．

（4）トップアスリートが指導する意義

　NOBYには，筆者を中心として，多くの陸上界のトップアスリート（かつてのトップアスリートも含む）がコーチとして参画してくれた．現役アスリートとしては，元走り幅跳び日本チャンピオンやシドニーオリンピックで同じリレーメンバーだった元アスリート，また，女子100mでかつて日本選手権7連覇を達成したアスリートなどが参画している．幸運にも彼らの参画を得たおかげで，NOBYの活動の可能性は一気に広がったと言える．しかし，トップアスリートといっても何をどう教えれば良いのか，青少年といってもその幅は広く，それぞれの年代にどのようなコンセプトを持った指導方針を持てば良いのか，といった課題が存在した．そこで，まず，指導の基本として，体育や脳科学の専門家である荒木秀夫教授（徳島大学）が提唱するコオーディネーション理論を採用した．荒木先生の指導のもとで基本的プログラムを作成し，それに我々コーチ陣のノウハウをブレンドする形で実際の指導を行っている．例えば，NOBYでは中学生以上には専門的な技術指導を行うが，こと小学生には基本的には「走る技術」を教えないのが指導方針である．これは，小学生の子どもたちに，"形"だけを無理やり教え込んでもポテンシャルは高まらないという筆者の考えを反映したものだ．

　NOBYは，2008年9月に筆者が現役引退した後，翌2009年10月のプレ講習会の実施を経て，2010年4月に発足した．初年度は約100名でスタートしたが，2012年4月現在は小学4年生から70歳まで約200名の会員が所属している．

（5）NOBYプログラムの特徴

　NOBYの指導方法には2つの特徴がある．その1つは，前述した「コオーディネーション理論」と呼ばれる脳科学や運動生理学に基づいた独自のトレーニングである．NOBYでは，コオーディネーション理論が求めるリズムやバランスといった「身体能力の巧みさ」に加えて，「身体と脳を同時に鍛えること」で個人が持つ運動能力や知的能力を総合的に向上させることを目指している．

　もう1つの要素は，「暗黙知」の獲得である．筆者をはじめとする世界レベルのトップアスリートと一緒にプログラムを実践することで，子どもたちは最

高級の手本に接することができ，アスリートが目の前で見せる動きから，直接，暗黙知やいわゆるオーラを吸収することができる．

そしてもう1つ，考えていることは，トップアスリートのセカンドキャリアの場としての役割である．スポーツ立国戦略の要諦の1つである，トップアスリートと地域スポーツの「好循環」という理念を達成しながら，トップアスリート，特に陸上競技選手のセカンドキャリアの場を確保したいのである．

さらには，こうしたスポーツ事業と同時に，事業活動を通して社会連携を生み出す「仕組み」づくりを企図しているのもNOBYならではの特徴と言える．例えば，食事の効果的な取り方やテーピングの仕方を学ぶ講座など，子どもや保護者に対して健康や栄養管理についての正しい知識や情報を伝える活動を行っている．また，地元NPOとの連携によって，子どもたちが生きる力（ライフスキル）を培うことができる各種イベントも開催している．そして，これらの活動は兵庫県や西宮市などの自治体の後援や地元の大学，企業からの協賛・協力に支えられている．

図2-3はその概念図である．NOBYをインターフェースとして多くのステイクホルダーに情報を発信することは，多様で活発なコミュニケーションを生

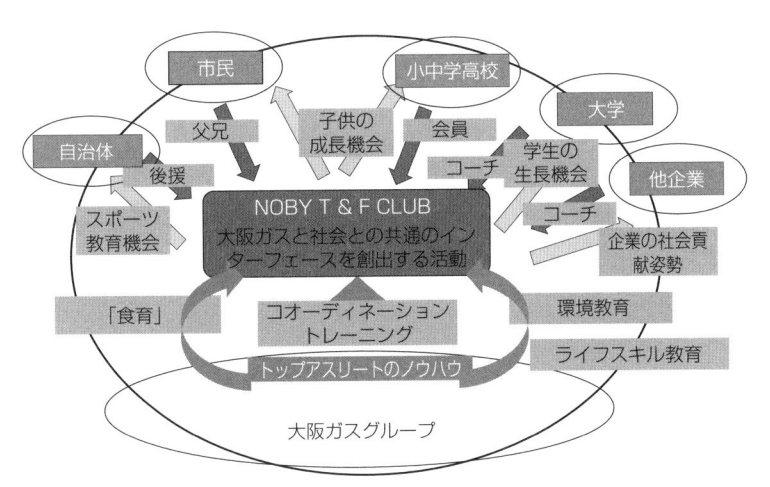

図2-3 スポーツによるソーシャルキャピタル醸成（事例：NOBY T & F CLUB）
出所：石井と筆者作成．

み出す.このことは企業自身にとってはCSR（企業の社会的責任）の役割を果たすことになり，企業価値の向上に寄与する．それとともに，社会に対しては，企業のステイクホルダーはそのまま社会を形成するアクターと同義と考えられるため，多くのアクターの連携を生み出すとも考えられる．従って，NOBYは一種のソーシャル・キャピタル（社会関係資本）として地域社会に欠かせぬ結節点となる可能性が高いと言えるのである．

（6）NOBYの役割と可能性

　スポーツ界においては，今後，グローバリゼーションが一層進むことは避けられない．そうなれば，世界のルールが統一化・共有化され，公平な競争が可能になる反面，能力や技術に対する評価の「客観化」，すなわち「点数化」が加速する恐れもある．それが行き過ぎれば，市場原理主義に基づいた効率化など様々な弊害が生じよう．

　こうした状況を考えれば，スポーツ本来の機能としての「競争」「勝負」という価値を尊重しながらも，スポーツの社会的価値や教育的価値に着目し，「青少年の育成」と「地域のつながり」を何より重視するNOBYの理念や活動は，まさにグローバル時代の時宜にかなったものと言えるのである．今後も独自のプログラムを整備・マニュアル化し，「NOBYメソッド」として，より多くの青少年に体験してもらえるよう努めていきたい．

　現在，国や企業のスポーツ支援が厳しい状況にはあるが，将来を担う子供たちの健全な育成にはスポーツと親しむ環境が不可欠である．企業のスポーツへの参画はまぎれもない社会貢献であり，また，スポーツを通して成長した若者たちが，将来，貴重な産業人材として社会に還流してくるのである．NOBYの活動によってスポーツの役割と可能性を拓くこと，それがスポーツに育ててもらった筆者のミッションと自覚している．

注

1) 土屋，北森，今村「チームビルディング」日本スポーツ心理学会第29回ミニシンポジウム（http://www.jssp.jp/conven/29th/mini-3.pdf　2012年6月1日引用）．

2) 本項以降（3）〜（6）は，石井［2012：82-83］を参考とし，作成したものである．

第3章

スポーツによる経験価値創造

1. 価値の源泉の変移

　2012年3月12日の日本経済新聞社の記事に，米国IT企業大手の2011年10-12月期決算情報が掲載されていた．それによると，アップルは2011年10-12月期の売上高は前年同期比73％増463.33億ドル，純利益は2.2倍の130億ドル（約1兆150億円）を達成している．対売上高純利益率は28.2％となっており，日本の主要電機メーカーの純利益率が5％以下で低迷していることと対照的となっている．トヨタ自動車が2008年通期で達成した過去最高純利益が1兆7178億円であったことを考えると，アップルが稼ぎ出した利益がいかに巨額であるかが理解できる．アップルの企業価値を表す時価総額は2012年2月時点で4992億ドルとなり，世界一となっており，IBMの時価総額2140億ドルと較べても2倍以上となっている．成長率で見れば差は歴然としており，IBMの売上高増加率が＋2％，純利益増加率が＋4％であるのに対して，アップルはそれぞれ＋73％，＋118％となっている．

　アップルが独走している理由は，スティーブ・ジョブズによって開発されたiMac，iPod，iPad，iPhoneといった一連の製品群が好調であることにあるが，なぜこれらの製品が消費者を惹きつけているかを考える必要があろう．さらに，売上高増加率よりも純利益増加率の方が高くなっていることも，重要な意味を持っていると考えられる．アップルが生み出しているのは，技術ではなく，新しいライフスタイルと新しい経験価値であると言えよう．人々は，新しい技術に対してはそれほど高いお金を出す気にならなくとも，新しいライフスタイルと新しい経験価値に対しては高い支払い意志額を持っていると考えられる．

新しいライフスタイルと新しい経験価値は密接に結びついており，生み出された価値が高ければ，価格競争に巻き込まれず，高い純利益率を生み出すことができる．

具体的に，何が新しいライフスタイルであり，何が経験価値であるのかを考えてみると，それほど単純であるとは考えられない．例えば，iPad と iPhone の組み合わせを考えてみると，技術的にできることはアップル以外の製品でも十分可能なものばかりである．Wi-Fi ルーターとノートパソコンがあれば，メールはもちろんのこと，テレビ電話もできれば，できないことはない．違っていることは，iPad と iPhone はスティーブ・ジョブズが考えた「美しい楽園」の中で，秩序正しく，消費者に美的満足感を与えながら，ストレス無くやりたいことができるように，スムーズな連携を保ちながら設計されていることである．人々は，決済情報を登録さえすれば，パスワードを入れるだけで，欲しい音楽，欲しい本，欲しいソフトを手軽に手に入れることができ，iCloud を通じてアップルのどの機械でも使うことができるし，スケジュール管理やメッセージなども自動的にすべての機械に同期される．消費者は，機械の中に組み込まれた美しい本棚から好きな本や雑誌を選び，気軽にテレビ電話で世界中の友達と会話ができ，コミュティを形成することができるのである．この統合化された設計全体がクールであり，美的感覚を刺激することが，製品を使用する際に生まれる経験価値を高め，人々に高い支払い意志額を醸成することになる[1]．

アップルの例は，21世紀に入って，価値の源泉がどのように変化しているかを理解する上で重要となる．美的感覚を含む情緒的な感動がなければ，創造される価値は大きなものにはならないのである．Pine and Gilmore [2005][2] では，ヴェネツィアのサンマルコ広場にあるカフェ・フロリアンで飲むコーヒーを例にして，この価値源泉について説明している．例えば，1杯のコーヒーを飲むことを考えてみる．コモディティ（加工されていない原料）としての豆の価格がカップ1杯2円，製品として加工された豆になれば1杯25円，普通のレストランやバーであれば，150円から250円である．カフェ・フロリアンは，ヴェネツィアに現存する最も古い喫茶店であり，カフェ・ラテの発祥店として有名である．個人的にも，この店を訪れた時の記憶は特別であった．室内は，18世紀ヴェ

ネツィアの雰囲気を残し，イタリア絵画に囲まれている．このカフェから眺めるサンマルコ広場は，季節毎に様々なイベントが行われ，華やかな賑わいをもたらしている．そのような賑わいの空間から，一歩店内に入ると，重厚で気品漂う空間へと変わる．カフェ・フロリアンのコーヒー一杯が1000円以上した記憶があるが，もう一度同じ店で香り豊かな味わいを気品溢れる空間を楽しみたいという思いは強い．

　カフェ・フロリアンの例で，経験価値はいくらになるかを計算すると，普通のレストランのカフェとの価格差である750円になると考えられる．普通のレストランで生み出される価値はサービス価値であるが，カフェ・フロリアンで生み出しているのはサービス価値に加えて経験価値である．コモディティが価値源泉の中心である経済を農業経済とすれば，製品が中心となるのは産業経済，サービスが中心となるのはサービス経済となる．そして，経験が中心となって価値を創出する経済を経験経済と呼ぶ．そして，需要の源は，コモディティでは財の性質，製品であれば機能と特徴，サービスであれば便益，そして経験であれば感動となる．この感動をもたらす演出が，市場での競争力を左右することになる．

2．経験を創出する4E領域

　前述のPine and Gilmoreでは，経験をより深く捉えるために図3-1に示される2つの軸を提唱している．1つの軸は横軸に示されている顧客参加度であり，もう1つの軸は縦軸で示される顧客と経験を結び付ける関係性を示している．縦軸の上方は経験に夢中になり吸収されている状態を表し，下方は顧客が入り込んで経験に投入されている状況を表している．ここでは，Pine and Gilmoreが提示した4E領域を，スポーツに当てはめて考えることにする．経験に夢中になっているのは，TVのスポーツ観戦に夢中になっている状況であろう．また，スポーツスタジアムのサポーターとして声援を送り，スタジアムの興奮を生み出している状況は，顧客が経験に投入されている状況であろう．参加の程度については，プレイを学ぶ意識が強かったり，サポーターとして応援を盛り上げたりする意識が強ければ，スポーツ観戦でも積極的なものとなる．

経験に吸収されている

(TV観戦でゲームを楽しむ)
娯楽
Entertainment

(TV観戦でプレイを学ぶ)
教育
Educational

受動的参加 ─────────────── 積極的参加

Esthetic
美的
(スタジアムでのスーパープレイ観戦)

Escapist
脱日常
(スタジアムでの応援)

経験に投入されている

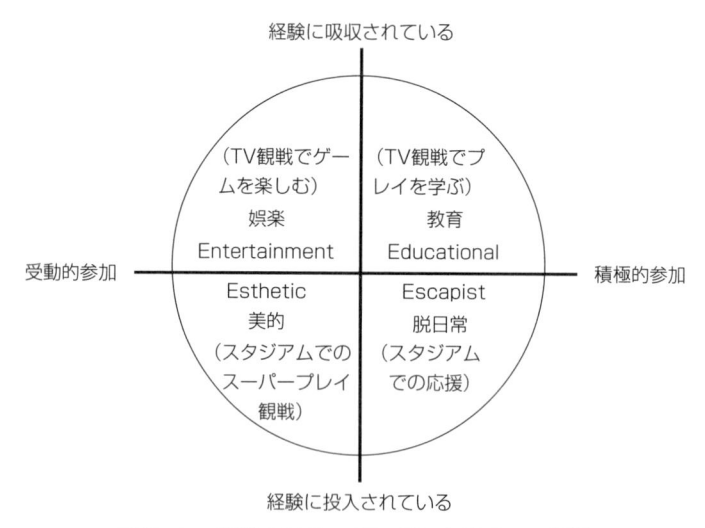

図3-1　経験のステージングにおける4E領域
出所：Pine and Gilmore［1999：Ch. 2］を基に加筆・修正.

逆に，受動的にスポーツ観戦している場合には，美しい技に見せられたり，ゲームの進展を楽しんだりといった形で経験価値を享受することになる.

　このような経験価値を長期間に亘って継続的に生み出し続けることは，相当に難しいことである．特に，同じ経験を2回した場合には，2回目の経験価値は多くの場合，大きく下がることになる．高級芸術の鑑賞のように，1回目よりも2回目の方が高い経験価値を与えるものもある反面，質の低い娯楽番組のように，2回見る気が起きないものもある．このことから理解できるように，経験価値を高める上で最も重要な点は，経験の質を高めることである．このことは，特に娯楽を主体とした経験価値創造の場合には，極めて困難な課題となる．この点を，ディズニーランドを例として検討しておく.[3]

　ディズニーランドは，日常から離れた非日常的な異空間を作り上げるために，あらゆる場所で夢作りを考え，それを一貫したテーマで統合させている．図3-1の脱日常を経験価値創造の根幹においた思想が底流にあると言えよう．しかし，その夢の空間を本物に近づける努力が膨大に行われている点も重要である．町並みの細部において，歴史検証を踏まえた建物，看板，道路など

が作られており，本物に近づける工夫によって，脱日常がより説得力を増すと共に，家族の中で歴史的町並みを語ることにより，教育的な喜びを知らない間に得ていることになる．また，高いリピーター率から示されるように，継続的に経験価値を生み出すための投資が行われている点も重要である．新しいアトラクションを定期的に投入し，ランド周辺の施設を整備し，ショーの質を上げるといった投資は最も重要であるが，非日常的な空間の中で心の安らぎやアメニティー（都市計画がめざす居住環境の快適性）といった価値を包括的に創造する営みが，継続的な経験価値創造を可能にしていると言って良いであろう．例えば，綿密な計算で演出されたキャストの動きもショーの一部であり，パレードで大きなショーのクライマックスを生み出す巨大装置による演出を活かす重要な役割を果たしている．地面に落ちているアイスクリームを掃除する動作も，清潔感と安全性を確保しながら，ショー的要素を高めるため，屈まないで落とした雑巾を足で動かし，道具でつまみ上げるようになっている．アドリブが見事に生かされた接客マナーの裏には，詳細なマニュアルとSCSE (Safety, Courtesy, Show, Efficiency) の哲学を従業員に徹底的に植え付ける教育訓練が存在している．すべてがディズニーランドの美意識と呼応するように，設計されていることにより，図3-1で示される脱日常の経験価値が美の経験価値と結び付くことになる．

3．スポーツが生み出す経験価値

齋藤・原田・広瀬［2010］では，Mathwick, Malhotra and Rigdon［2001］の多次元の経験価値尺度（Experiential Value Scale：EVS）にスポーツ観戦独自の因子（選手・雰囲気・覚醒・共感）を付加して発展させた，スポーツ観戦における経験価値尺度（Experiential Value Scale for Sport Consumption：EVSSC）の開発を行っている．Mathwick, Malhotra and Rigdon［2001］では，「審美性」(aesthetic)，「遊び」(playfulness)，「サービスエクセレンス」(service excellence)，「投資効果」(customer return on investment) を，経験価値尺度の4つの上位構成概念と位置付けており，齋藤らではこの上位概念を10の下位因子と32項目によって説明するモデルを提示し，共分散構造分析によって尺度値を計算している．そして，4つ

の上位構成概念を基準にクラスター分析を行い，観戦者グループを特定化し，グループ別性質の違いを明確にしている．

齋藤らの分析では，スタジアム観戦における「審美性」を「目前で繰り広げられる，スタジアム内の演出やエンタテイメント，試合そのものや観衆が作り出す雰囲気が，消費者に総合的に五感に訴えて美的な喜びをうながすこと」と定義している．

まず，審美性の下位因子を次の①から③で与え，それぞれの構成項目を1－11で示す．

　① 演出
　　1　全体の演出方法はおしゃれである
　　2　競技場全体は見た目がかっこいい
　　3　全体の演出が好きである
　　4　エンタテイメント性が高い
　　5　熱狂的で心うたれる
　② 選手
　　6　選手の美しいプレーや個人技にほれぼれする
　　7　選手の素晴らしいパフォーマンスを観るのが好きだ
　　8　スキルの高いフォーメーション・組織プレーを観るのが好きだ
　③ 雰囲気
　　9　競技場全体の雰囲気・空気が好きである
　　10　観客全員でつくりあげる雰囲気・空気が好きである
　　11　試合の流れによって変化する競技場全体の雰囲気・空気が好きである

次に，Mathwick, Malhotra and Rigdon [2001] の上位概念の「遊び」を「フロー」の概念に置き換え，「意識が体験に没入し，さらに体験した人に何か特別なことが起こったと感じさせる，心と身体が自然に作用し合う調和のとれた経験」と定義している．この下位概念を④から⑦によって与え，構成要素を12-21で与える．

④ 逃避
　12 日常から遠ざかって，非日常な気分を味わうことができる
　13 まるで別世界にいるような気にさせてくれる
　14 いつも（試合に）没頭してしまい，他の一切のことを忘れることができる
⑤ 内なる楽しみ
　15 純粋にサッカーを観戦するのが好きだ
　16 試合を観戦するのは，純粋に楽しいからである
⑥ 覚醒
　17 競技場にくると，わくわくする
　18 試合を観戦すると，気持ちが高揚する
⑦ 共感
　19 選手が頑張っている気持ちがわかる瞬間選手と一体感を感じることがある
　20 試合中の選手のミスが，自分のミスであるかのように感じられることがある
　21 チームや選手のプレーに強く心を動かされたり，深く入り込んでしまうことがある

サービスエクセレンスは，「消費者による受身的な反応」を反映しており，消費者のサービス好感度を示していると考える．

⑧ サービスエクセレンス
　22 会場全体のオペレーション・運営が優れている
　23 川崎フロンターレが優れているのは会場全体の雰囲気である

Mathwick, Malhotra and Rigdon［2001］の上位概念の「投資効果」は，金銭的，時間的および心理的な資源を投資した時の見返りの大きさを示していると考え，⑨-⑩の下位概念と24-29の項目によって与える．

⑨ 効率性
　24 試合がある日だったら，川崎フロンターレを見に行こうと思う

25　ホームゲームは気軽に訪れることができる
　　26　ホームゲームは私の都合に合わせやすい
⑩ 経済的価値
　　27　ホームゲームはお得感がある
　　28　私は全体的にチケットの値段に満足している
　　29　等々力競技場で行われる試合は割安であるとおもう

　これらの経験価値尺度値を用いて，齋藤らは，k平均法による非階層的クラスター分析を行い，「経験価値を感じている観戦者」(40.6％)，「周辺的要素に価値を感じている観戦者」(27.9％)，「サッカーそのものに経験価値を感じている観戦者」(20.5％)，「経験価値を感じていない観戦者」(11.0％) という観戦者構造となっていることを示した．

　齋藤・原田・広瀬［2010］では，表3-1で示されている「スポーツ観戦における経験価値尺度（EVSSC）一次因子の相関行列」が掲載されている．論文の中では，この相関行列の持つ意味について議論があまりなされていないが，この相関行列から経験価値を高める戦略について考察が可能であると考える．表3-1の中で相関係数が0.5以上のものについて陰を付けており，高い相関を有している因子を浮き上がらせている．高い相関を持っていることの1つの意味は，様々な経験価値因子に強い影響を与える因子であると考えることができる．例えば，覚醒は，選手，雰囲気，逃避，内なる楽しみと強い相関を持っており，共感も，選手，雰囲気，逃避，覚醒と強い相関を持っている．これらから示されている点は，共感，覚醒という経験価値創造と選手，雰囲気といった経験価値創造は強く結び付いており，経験価値総体に決定的な影響を与えていることであろう．そして，効率性と経済的価値が他の因子と相関が弱いことから，経験価値総体には影響力が少ない独立した因子であると判断できる．

　これらの点から，経験価値創造の戦略として，「スーパープレー」，「高質なフォーメーション・組織プレー」，「観客全員でつくりあげる雰囲気・空気」を生みだし，「競技場での高揚感」，「選手との一体感」，「ゲームへの没頭」へと導くことが，経験価値総体を高めることになると理解できる．「スーパープレー」と「高質なフォーメーション・組織プレー」は，質の高い選手と監督・コーチ

表3-1 スポーツ観戦における経験価値尺度（EVSSC）一次因子の相関行列

	演出	選手	雰囲気	逃避	内なる楽しみ	覚醒	共感	サービスエクセレンス	効率性	経済的価値
演出	1.00									
選手	.37	1.00								
雰囲気	.70	.46	1.00							
逃避	.41	.33	.50	1.00						
内なる楽しみ	.25	.49	.34	.35	1.00					
覚醒	.44	.53	.58	.53	.65	1.00				
共感	.48	.71	.55	.50	.38	.68	1.00			
サービスエクセレンス	.75	.41	.71	.44	.23	.45	.57	1.00		
効率性	.40	.35	.46	.21	.22	.29	.48	.47	1.00	
経済的価値	.42	.27	.33	.24	.13	.31	.41	.61	.50	1.00

出所：齋藤・原田・広瀬［2010：12 表2］を再掲.

を必要とし，スーパースター獲得が1つの戦略的手段となる．また，競技場の一体感のある雰囲気を作り出すためには，サポーター組織の強化とチームとの密接な連携，メディア等を用いた地域との連携が必要となる．

4．経験価値創造によるスポーツ・ビジネスの革新

　スポーツが生み出す経験価値の根幹は，「スーパープレー」，「高質なフォーメーション・組織プレー」，「観客全員でつくりあげる雰囲気・空気」にあると考えた場合，スポーツ・ビジネスの革新はどのような方向性で検討されるべきであろうか．これまでにも，佐野［2007］で指摘されているように，スポーツ用具の高性能化等によって，選手の技量向上がもたらされ，試合の質的向上が進み，経験価値創造の高度化が進められた．これは，科学技術の発展と呼応させることによるスポーツ・ビジネスの革新の方向性であると言える．しかし，より本質的な革新は，Jリーグ創設によって引き起こされた革新のパターンであると言えよう．Jリーグは，ホームタウン制を取り地域社会との連携を図り，百年構想に代表される高邁なる理念の基に創設されたものである．ホームタウン制はサポーター組織を強固なものにし，ジュニアチーム等の下部組織との連携を強め，長期的な視点での選出の能力向上とゲームの質的向上，地域社会へ

の浸透を通じた熱心な観戦者創出を可能にした．また，ガバナンスについても，Ｊリーグでは経営情報の透明性を高め，チームに対する信頼と親近感を高め，長期的な視点でのファン層育成に成功している．

　Ｊリーグの戦略は，かなりの程度まで一般性を有していると考えられる．最も核になる部分は，選手の質的向上とチーム力の向上による試合の質の向上である．このために，サッカー界全体でワールドカップという目標を設定し，そこでの試合の質を極限的に高め，ファンを魅了し，サッカーへの関心を高め，サッカーの神髄を理解してもらい，サポーターの醸成を行う．また，選手層の厚みを増し，サポーターの質的向上とチームへの忠誠心向上を図るため，地域レベルの下部組織の強化をＪリーグとして取り組み，地域社会の発展と連動するような活動を繰り広げる．このことにより，経験価値創造の根幹である覚醒，共感，雰囲気といった因子の質を高めることが可能となる．

　スポーツ・ビジネスの革新をもたらすためには，キャシュフローの源泉をより多様化し，収入を増大させ，財務の構造を強固なものにする必要があろう．例えば，サッカーを例に取れば，試合放映権価値を高めるため，デジタルテレビ，パッドおよびスマートフォンを活用した新しいサービスの開発を検討する．例えば，重要なプレーをビデオストリームとしてリアルタイムで入手できるようにし，プレーに対するコメントを公開し，ゲーム戦略の是非について議論できるようにするといった，最新ITの活用法の検討も必要であろう．IT機器で参照するビデオストリーム配信と討論の場に対して，バナー広告等のスポンサーを募集することも収入源の多様化に寄与すると考えられる．このようなIT機器の活用による，スポーツ用品，設備，機器，関連グッズ等の周辺ビジネスの活性化を図ることも必要であろう．

　キャッシュ・フロー上昇のために今後必要な視点は経済のグローバル化であろう．サッカーのヨーロッパ・リーグのように，リーグを広域化することにより，市場を広域化することが可能となる．中国の経済的台頭で示されるように，アジアリーグを創設し，アジアのプロチーム間での試合を行うことにより，アジアの経済力向上をキャッシュ・フロー上昇に繋げることを検討する必要があろう．サッカー・リーグの広域化と文化的アイデンティティの明確化は同時に進められる必要があり，それによるスポンサーの多様化を図っていく必要があ

る．これにより，サッカー観戦はこれまでとは異なった新しい経験価値を創出することが可能となる．技量およびチーム力の向上を核とした市場の拡大戦略によって，キャッシュ・フロー上昇をもたらし，それによってスタジアム設備・運営，サポーター組織，下部組織等への投資資金を確保し，新しい経験価値創造を目指すことが1つの戦略として考えられよう．

注
1) Kotler, Kartajaya and Setiawan［2010：邦訳 59］では，企業が提供する製品が消費者の生活を変えるようなビジョンを持ったリーダーが，そのミッションを達成するために戦略を形成することによって成功を収めた代表的な例としてアップルを取り上げている．
2) Pine and Gilmore［1999］参照．
3) 粟田・高成田［2001］参照．

第Ⅱ部　スポーツ産業

　第Ⅱ部ではスポーツ産業について論じる．スポーツ産業については スポーツ産業論として網羅的に議論されているが，本書では次の4つのテーマを絞り検討を行うこととする．

　第4章では，スポーツ産業の構造について産業構造の変化と経験価値およびホスピタリティという視点から検討を行う．

　第5章では，スポーツ用品産業について検討する．この分野における研究は決して多くはなく，スポーツ用品産業の特徴について整理するとともに，最先端ともいえるビジネスモデルについて議論を行う．

　第6章では，スポーツマーケティングについて価値主導のマーケティング3.0という視点から検討を行い，Jリーグやプロ野球パシフィックリーグの顧客管理や顧客ロイヤルティ向上の事例について紹介する．

　第7章では，スポーツ組織のガバナンスについて検討する．スポーツについては産業としての期待やスポーツマンが社会のロールモデルとして期待されるなど様々な面からの期待が高く，スポーツの本質を生かした産業とは何かというテーマについてスポーツ組織のガバナンスという視点から議論を行う．

第4章

産業組織の構造

　1990年『スポーツビジョン21』の発表以来スポーツ産業に対する関心は高まり，21世紀の基幹産業の1つになると期待された．しかしながらバブル崩壊やリーマンショックなど大きな経済状況の変化によりその成長は期待された通りにはなっていない．また，未だにスポーツ産業と称するものの産業全体の規模を示すデータは明確に把握されていないというのが実情である．

　本章では，産業構造の変化と価値の源泉がサービスから経験に変化したことについて議論を行い，スポーツ産業の構造や特徴を明らかにする．次に，スポーツ産業の位置付けについてその規模やビジネスモデルについて検討し，スポーツ産業を支えるサービスについてホスピタリティの視点から検討を行う．

1．産業の捉え方

(1) 日本標準産業分類

　日本標準産業分類（1949年10月改定）の緒言によると[1]，わが国において産業分類が作成されたのは1930年とされているが，当時の産業分類は職業と産業が混在したような分類であったと言う．その後1940年に分類統一を目的に，各官庁の専門家が集まり統一の方向性が確認されたものの形式的なものに終わったとされている．第2次世界大戦後GHQの勧告により日本標準産業分類が成立したのは1956年のことであった．その後産業構造の変化などにより改訂が繰り返され，表4-1に示す現行分類が2007年11月に決定されている．

　表4-1の日本標準産業分類にスポーツ産業という分野は存在せず，A：農業・林業とB：漁業により構成される第1次産業，C：鉱業，採石業，砂利採取業製造業，D：建設業とE：製造業により構成される第2次産業，その他F

表4-1　日本標準産業分類 (2007年11月改定)

		大分類	中分類	小分類	細分類
第1次産業	A	農業, 林業	2	11	33
	B	漁業	2	6	21
第2次産業	C	鉱業, 採石業, 砂利採取業	1	7	32
	D	建設業	3	23	55
	E	製造業	24	177	595
第3次産業	F	電気・ガス・熱供給・水道業	4	10	17
	G	情報通信業	5	20	44
	H	運輸業, 郵便業	8	33	62
	I	卸売業, 小売業	12	61	202
	J	金融業, 保険業	6	24	72
	K	不動産業, 物品賃貸業	3	15	28
	L	学術研究, 専門・技術サービス業	4	23	42
	M	宿泊業, 飲食サービス業	3	17	29
	N	生活関連サービス業, 娯楽業	3	23	67
	O	教育, 学習支援業	2	15	34
	P	医療, 福祉	3	18	41
	Q	複合サービス業	2	6	10
	R	サービス業（他に分類されなもの）	9	34	65
	S	公務（他に分類されるものを除く）	2	5	5
	T	分類不能の産業	1	1	1
		(計) 20	99	529	1,455

出所：統計局HP(http://www.stat.go.jp/index/seido/sangyo/19-2.htm)に筆者が加筆.

からTの産業により構成される第3次産業に分類されている．スポーツ産業はスポーツ用品製造を中心とする第2次産業，およびスポーツ用品卸売・小売業，スポーツ興業団やゴルフ場などのサービス産業を中心とする第3次産業に分類されている．その意味ではスポーツ産業の呼称は比較的新しいものであり，公式なものではなくその産業規模等についても必ずしも明確になっていないことが指摘できる．

(2) 産業構造の変化

産業構造の変化については，経済発展に伴い農業から工業へと産業の中心が移行することを述べた「ペティ＝クラークの法則」が経験則として存在している．**表4-1**の日本標準産業分類の大分類20項目のうち15項目が第3次産業で

第 4 章　産業組織の構造　　47

表 4 − 2　就業者数の推移 (1995−2010年)

	就業者数（千人）			構成比（％）		
	第1次産業	第2次産業	第3次産業	第1次産業	第2次産業	第3次産業
1995年	3,848	19,936	40,004	6.0	31.3	62.7
2000年	3,208	18,392	40,671	5.2	29.5	65.3
2005年	2,981	15,957	41,425	4.9	26.4	68.6
2010年	2,381	14,123	39,646	4.2	25.2	70.6

出所：総務省統計局「平成22年国勢調査の概要」(2012年4月24日発表) より筆者作成．

あることから理解できるように，かつて就業者数の70％を超えていた第1次産業が4.2％へと減少している．しかし，建設業と製造業を合わせた第2次産業も25.2％まで減少し，第3次産業が70.6％と7割を超えるに至った点は注意を要する．就業者の構成比は，過去15年間の調査で大きく変化している（表4−2）．これは第3章で説明したように経済的な価値の源泉の変化によるところが大きいと考えられ，不可逆的な変化と言ってよいであろう．

(3) サービスから経験へ

前章で議論したように，Pine and Gilmore [2000] は経験という新たな価値に注目し「経験経済」の考え方を提唱した．そして，価値の源泉が農業経済におけるコモディティから産業経済における商品，そしてサービス経済におけるサービスへと推移してきたと主張している．前項で見るように産業の構造もサービス業へとシフトしてきている．ここでは，スポーツ産業において価値の源泉がサービスから経験に推移することの意味を考えることとする．

まず，スポーツ観戦を例に経験価値について考える．例えば，Ｊリーグにおいては観戦環境であるスタジアムにはほとんど差がない（スタジアムの規格についてはＪリーグが標準仕様を設定している）．また飲食や売店についても，わずかに地方独自の演出があるものの，それほど大きな差はない．しかしながら，ヨーロッパの名門クラブは思い出に残る感動を演出できる能力を持っており，コモディティや商品・サービスのように市場の競争で価格が決定するのではなく，クラブが提供できる価値にクラブが提供したい価格を設定することが可能になっている．それに対して，日本ではチケット価格をコントロールできるほど

強い市場支配力を持つスポーツはまだ限られており，感動の演出の場である試合に対してフロントが関与できる範囲は限られているのが実情である．

2．スポーツ産業の位置付け

（1）スポーツ産業とは

　スポーツ産業は，スポーツ用品製造業以外は第3次産業に分類される．その中核となるサービス業の極意はホスピタリティという言葉に象徴されるように人間性に裏打ちされたもので，ライフスキルなど人格形成に大きく作用することが明らかになっている．さらに地域への愛着や一体感の醸成，ソーシャル・キャピタルを育むなどスポーツの外部経済効果の存在も確認されている．

　日本におけるスポーツ産業は近代スポーツが明治初期に導入され学校教育における体育として社会に定着し，体操着や用具を製造する需要が生まれた．原田［2011：3］によると，その産業としての実態はつつましやかなもので，日用雑貨用品の類である運動着や運動具の生産・販売が主流で，独立した産業領域として認知されることがなかったと指摘している．表4-3は日本標準産業分類よりスポーツに関わる業種を整理したものである．例えば製造業の中でスポーツの衣服が外衣・シャツ製造業とされているが，これは原田の指摘どおりスポーツが独立の産業分野として認知されていなかったことを示していると言える．

　また，スポーツの数だけメーカーが存在すると言われているように，その用具はその競技専用のものであり，製造する用具メーカーにはその競技に精通していることが求められる．しかも，その種類は多岐に渡っており，ルールに添ったものでなくてはならない．例えば，走り高跳びのポールは，当初は木製であったがその後反発力の強い竹製が採用され，さらにスティールからグラスファイバー，カーボンファイバーなどの新素材が登場し，技術革新に伴い記録も伸びてきている．これは，製造者には素材についてのたゆまぬ研究が，競技者にはその新素材を使いこなす技術の修得が求められてきたことを示唆している．

　また表4-4は，澤田が制作した「スポーツ産業」の全体像である．澤田はスポーツ産業を，SpectatorスポーツとDoスポーツからなる「狭義のスポー

表4-3 日本標準産業分類のなかのスポーツ産業 (2007年11月改訂)

大分類	中分類		
製造業	繊維工業	外衣・シャツ製造業（和式を除く）	織物製事務用・作業用・衛生用・スポーツ用衣服・学校服製造業（不織布製及びレース製を含む）
卸売業,小売業	その他の卸売業	他に分類されない卸売業	スポーツ用品卸売業
	その他の小売業	スポーツ用品・がん具・娯楽用品・楽器小売業	スポーツ用品小売業
動産業,物品賃貸業	物品賃貸業	スポーツ・娯楽用品賃貸業	スポーツ・娯楽用品賃貸業
生活関連サービス業・娯楽業	娯楽業	興行場（別掲を除く），興行団	演芸・スポーツ等興行団
		競輪・競馬等の競走場,競技団	競輪場 競馬場 自動車・モータボートの競走場 競輪競技団 競馬競技団 自動車・モータボートの競技団
		スポーツ施設提供業	スポーツ施設提供業（別掲を除く） 体育館 ゴルフ場 ゴルフ練習場 ボウリング場 テニス場 バッティング・テニス練習場 フィットネスクラブ
教育・学習支援業	その他の教育,学習支援業	教養・技能教授業	スポーツ・健康教授業

出所：日本標準産業分類より筆者がスポーツ関連産業を抽出.

ツ」と，これら狭義のスポーツを支えるスポーツ支援産業に分けて説明している．この2つの表を比較すると，スポーツ産業の全体像を把握できるとともにスポーツは多くの産業の支援があり成立していることが理解できる．

またIT技術と映像を用い屋内でのゴルフのラウンドをバーチャル体験できるゴルフシミュレーターや Wii Sorts などのバーチャルなスポーツ体験のでき

表 4-4　広義のスポーツ産業

従来のスポーツ産業	Spectator スポーツ ビジネス	サービス業	スポーツ興行団（プロ野球，Ｊリーグ，プロレス団体，ボクシング等） 興行場（球場，スタジアム，レース場等） スポーツ施設提供業（陸上競技場，スケート場，プール，公営施設，体育館等）ゴルフ場，ゴルフ練習場，ボウリング場，テニスコート，バッティングセンター等 遊技場（ビリヤード場，ダンスホール，マリーナ等） 競馬，競輪，競艇などの公営ギャンブル
		その他	企業スポーツ
	Do スポーツ ビジネス	教育・ 学習支援	小・中・高校・大学における教科体育と運動部活動 スポーツ健康教授業（スイミング，ヨガ，テニス，ゴルフ，柔道等のスクール，教室） フィットネスクラブやその他の教養・技能教授業（ダンス教室等） 他に分類されない非営利団体（体育協会，競技団体，YMCA，スポーツ少年団，地域スポーツクラブ等）
広義のスポーツ産業	スポーツ 支援産業	サービス業	法律事務所，公認会計事務所，税理士事務所 選手マネジメント業，エージェント業 著述業，写真業，商業写真業，デザイン業（スポーツ用衣服，シューズ，用品の工業・商業デザイン業等） その他の専門サービス業（経営コンサルタント業，翻訳業，広告制作業，カウンセル業等） 自然科学研究所（運動生理学，バイオメカニクス等），人文・社会学研究所（スポーツ社会学・経済学） 旅行代理店（スポーツツーリズム） 公園整備・管理業 プレイガイド，場外馬券場，ゴルフ会員権売買業 広告代理業 放映権・商品化権販売代理業，人材紹介・派遣業，スポーツ施設保守・管理業，スポーツ施設・イベント警備業
		公務	行政機関（文部科学省，厚生労働省等） 行政機関（自治体の教育委員会等） 労働団体（プロ野球やＪリーグの選手会等）
		医療・福祉	スポーツ整形外科，スポーツマッサージ等 介護予防事業
		飲食・宿泊	スポーツカフェ，スポーツバー，ケータリング業 ホテル，旅館業（スポーツツーリズム）
		金融・保健	スポーツ損害保険業
		卸売・小売	スポーツ用衣服・シューズ・バッグ・用品，スポーツ飲料，健康食品（スポーツ関連）卸売業 スポーツ用衣服・シューズ・バッグ・用品，スポーツ飲料，健康食品（スポーツ関連）小売業
		情報通信	テレビ放映業（地上波，衛星，有線），ラジオ放送業 スポーツゲーム開発，スポーツ情報サービス業 インターネットサービス業 スポーツ映像情報制作・配給業，スポーツ音声情報制作業 新聞業（一般のスポーツ紙，スポーツ新聞） スポーツ出版業，スポーツニュース供給業
		製造	スポーツ用衣服・シューズ・バッグ・用品製造業 スポーツ飲料，健康食品（スポーツ関連）製造業
		建設	土木工事業（スタジアム，クラブハウス，ゴルフ場建設等）
		農業	芝の育成・養生業，競走馬の生産・育成業
		その他	リーグ・クラブ・イベント等のスポンサー

出所：江戸川大学スポーツビジネス研究所編［2007］．

るゲームがヒットするなど，これまでのスポーツ観を変えるような多様な変化が起きていくであろうと予想される．

（2）スポーツ産業の規模

スポーツ産業の規模が注目されたのは1982年「レジャー白書」がレジャー部門の中のスポーツ部門の個人支出の総額が2兆9569億円という金額を発表したことによる．これがスポーツ産業のマクロ的な数値であり，連続して蓄積された唯一のデータであると思われる．これに対し，当時の通商産業省が主宰するスポーツ産業研究会が発表した『スポーツビジョン21』によると，順調にいけば2000年には15兆円産業に達する可能性もあるとし，21世紀の基幹産業の1つになることが期待された．しかしながら，バブル崩壊とその後の長期におよぶ不況やリーマンショックなどの影響もあり，スポーツ部門の個人消費は4兆円前後で推移しているようである．

これに対しレジャー白書のスポーツ部門にはスポーツツーリズムやスポーツスポンサーシップ，放映権料が含まれていないとし，早稲田大学スポーツビジネス研究所がわが国のスポーツ産業経済規模を表す国内スポーツ総生産（Gross Domestic Sports Products＝GDSP）の算出に取り組んでいる．澤田は，早稲田大学スポーツビジネス研究所が算出した数値から表4－5のようにスポーツ産業の国内総生産を算出している．これによるとスポーツ産業全体の規模は11兆1923億円と算出された．これはわが国のGDP（国内総生産）519兆円（2006年）の2％程度に相当する額で，「狭義のスポーツ産業」が6兆5000億（全体の58.4％），さらにこの中で「Spectatorスポーツ産業」が約1兆3000億円（全体の11.6％）と算出されている．しかしSpectatorスポーツ産業の90.1％は競輪・競馬などのいわゆるギャンブルスポーツであり，「スポーツ興業団」が占める割合は9.9％（全体の1.1％）の約1300億円となっている．

一方，「Doスポーツ産業」は約5兆2000億円であるが，「ゴルフ場・ゴルフ練習場」が30.2％の約1兆6000億円（全体の14.2％），「教育（学校体育）」も30.5％の約1兆6000億円と，この2つが占める割合が高く，バブル期のリゾート開発の目玉であったスキー場は不振を極めている．

「スポーツ支援産業」は約4兆7000億円であるが，スポーツ用品（用具，ウ

表 4-5　スポーツ産業の国内総生産

スポーツ産業	市場規模（百万円）	構成比（%）	備考
広義のスポーツ産業合計	11,192,251	100.0	
狭義のスポーツ産業	6,536,341	58.4	
Spectatorスポーツ産業	1,294,355	11.6	
スポーツ興業団	127,852	1.1	野球, サッカー, 相撲, バスケットボール等
競輪・競馬など	1,166,503	10.4	
Doスポーツ産業	5,241,986	46.8	
民間フィットネスクラブ	303,000	2.7	
スポーツ健康個人教授	366,414	3.3	スイミング, テニス, 柔道等のスクール, 教室
ゴルフ	1,584,000	14.2	ゴルフ場, ゴルフ練習場
ゴルフ場以外のスポーツ施設	631,829	5.6	スキー場, 体育館, ボウリング場, テニスコート
公共体育・スポーツ施設	756,858	6.8	
教育	1,599,885	14.3	体育授業, 部活動
スポーツ支援産業	4,655,910	41.6	
スポーツ・娯楽用品賃貸業	28,306	0.3	
スポーツ・リクリエーション・旅行	1,517,200	13.6	
その他	38,010	0.3	toto, スポーツ保険
テレビ	187,591	1.7	地上波, 衛星, 有線
新聞	308,067	2.7	一般紙, スポーツ紙
書籍・雑誌	198,919	1.8	スポーツ関連書籍・雑誌等
ゲーム・ビデオ	45,924	0.4	スポーツ関連ゲームソフト, ビデオ等
小売市場	2,332,893	20.8	専門店・百貨店

出所：江戸川大学スポーツビジネス研究所編［2007］．

エアなど）を中心とした「小売市場」が50.1%の約2兆3000億円（全体の20.8%）となっている．この市場でのナイキとアディダスのブランドエクィティやマーケティングの議論については，次の章に譲ることとする．これに次ぐのは「スポーツ・リクリエーション・旅行」の32.6%の約1兆5000億円（全体の13.6%）

となっている．この分野については，観光庁も着目しスポーツツーリズムへの取り組み強化が打ち出されている．

(3) ビジネスモデルの変化

スポーツが日本に入ってきたのは明治以降であり，例えば日本のスポーツを用具面から支えてきたミズノの創業は1906年の体操服のオーダーによる制作であった．さらにスポーツが体育として学校教育に取り入れられたことから，体育に必要な用具をまちのスポーツ用品店が納入し，そのとりまとめを卸業者が行いメーカーに発注するというビジネスモデルであった．

この伝統的なスポーツ用品の流通モデルに大きな影響を与えたのが，アルペンやスポーツデポなどのカテゴリーキラーの出現であった．一般の小売業の役割はコンビニエンスストアに引き継がれていったが，スポーツ用品店は減少を余儀なくされていった．

また，製造面でも工場を保有しないナイキのビジネスモデルが業界を大きく変化させた．それまでは，アディダス vs. プーマの覇権争いに象徴されるようにトップアスリートに向けた商品開発とトップアスリートの囲い込み，メガ・スポーツイベントでの自社製品使用競争で勝ち残った企業が市場での名声を博するという構図であった．しかしながら，1970年代のジョギングブームでナイキがアディダスの牙城を脅かし，1980年代のエアロビクスブームでは，リーボックがアディダスとナイキを席巻するという大きな構造変化がもたらされた．これにより局面はブランド確立競争へと大きく変化していった．

その一方で，辻谷工業のような砲丸の製造に熟練した匠企業が，その競技を支えているケースもある．砲丸投げという競技においては，その競技場が採用した砲丸の中から選手が気に入ったものを選び投擲することがルールになっており，ほとんどのメダリストが辻谷工業の砲丸を選ぶといわれている．従って，辻谷工業がグローバル企業とタイアップすることにより各国に分散している砲丸の需要の大半を獲得することもあながち不可能な話ではないと言えよう．[2]

スポーツ用品産業の供給面からはナイキ，アディダスに代表されるグローバル・フルライン企業とミズノに代表されるドメスティック・フルライン企業，さらにシューズに特化しグローバルな展開を図っているアシックスに代表され

るグローバル・ニッチ企業，辻谷工業に代表されるドメスティック・ニッチ企業に大きく分けて捉えることができる．

3. サービスとホスピタリティ

(1) サービス産業としてのスポーツ産業

　スポーツ産業は，シューズやウエア，用具の製造を除けば販売を含めそのほとんどがサービス産業に属している．サービス産業としてのスポーツの特徴は，第1に対人サービスすなわち顧客の存在があって初めてサービスの提供が可能となるという点が指摘できる．従って顧客との関係性作りが極めて重要なポイントとなり，例えばプロ野球においては，第6章で詳細に議論するように，観戦したい感情を表す「野球感」と地元チームを応援したい「郷土感」，興味がある選手を応援したい「選手感」，観戦で盛り上がりたい「共有感」を求めて球場に足を運び，野球観戦をすると言われている[3]．これらの経験価値を高めるためには，チーム成績を高めることが有効であり，顧客満足（Customer Satisfaction＝CS）の向上につながることが確認されている．しかしながら，チーム成績を向上させるため実力があり年俸・知名度の高い選手を獲得しクリーンアップを組むという手法は，チーム成績が上がらず収益が低迷した場合には大きな痛手を被るというリスクを抱えることにもなる．経験価値増大を図るためには，共有感および郷土感を喚起するために，ファンやサポーターとの長期的なつながりによりロイヤルティを向上させながら優勝を目指すという戦略が有効となると考えられる．

　また，サービスという商品の特徴は，①無形性，②同時性，③不可分性，④非均質性，⑤消滅性という5つのキーワードにより説明されている．

　①無形性

　　当然のことながら，サービスという商品には形がない．持ち帰ることができるのは，体験や経験ということになるが，どんなに試合内容が良くても接客などで不快な思いをした場合には，商品である試合の価値を下げることにつながりかねない．

② 同時性
　例えば試合観戦や舞台鑑賞のように試合や舞台の進行（生産）と観戦・鑑賞（消費）は同時に行われることがその特徴である．
③ 不可分性
　以上からも理解できるように，商品の提供と商品が一体で行われる．
④ 非均質性
　例えば，同じ阪神・巨人戦であっても年間約20試合の内容が同じことはありえない．
⑤ 消滅性
　以上のような商品特性により，取り置きができず体験や経験が思い出に変化していく．

　これらのようなサービスの商品の特徴が，DVDなどのような新たな情報サービス分野の商品を生み出すことにつながっている．
　また，満足度と集客の関係や，サービス品質への影響度については直感や経験的に当然と思われている．しかしながら，どの項目を優先するかなど戦略に具体的に生かすためには数値化するなどいわゆる「見える化」の手法を用い，建設的な議論へ発展させることが望ましい．

（2）サービスを支えるホスピタリティ
　このようにサービスを提供する産業を，Kotlerはホスピタリティ産業と定義している．サービスの語源は，ラテン語のServus＝奴隷であるとされ英語のSlave＝奴隷，Servant＝召使いという言葉の語源である．これに対しホスピタリティの語源は，ラテン語のHospics＝客人などの保護で，英語のHospital＝病院，Hospice＝ホスピスなどの言葉に発展したとされている．この言葉を比較すると，サービスにはサービスを提供する側と受ける側に主従関係が存在するのに対し，ホスピタリティは人間関係や信条，個性，感情などを背景にしたおもてなしや喜びを与えることにその重点があるように思われる．
　Kotlerはホスピタリティ産業とは，人的な接客サービスを提供することがメインの業種の総称であるとし，宿泊業，旅行業，飲食業や教育，医療，福祉，

エンタテインメントビジネスまでも含める広い定義となっている．しかも，前述のようにサービスは無形のものであるが，相手すなわち顧客の存在があって初めて成立するという性質を持っていると指摘している．つまり，サービスを提供する側と顧客の関係性の中で成立するという特徴を持っていると言う．すなわち顧客との関係の良し悪しでサービスの価値が決まるという性質を持っていることに他ならない．従って同じサービスであっても必ずしも同じ評価を獲得できるとは限らないのである．

さらにKotlerはホスピタリティ産業におけるインターナル・マーケティングの重要性を強調している．インターナル・マーケティングというのは，通常のマーケティングが外部の顧客を対象としているエクスターナル・マーケティングであるのに対し，従業員を対象にしたマーケティングを意味し，ホスピタリティ産業では必須であるとしている．

この事例としては，北海道日本ハムファイターズがファンの入場に際し選手によるハイタッチサービスによる出迎えや，新庄選手をリーダーにしたゴレンジャーなどのファンサービスに象徴される．これは，北海道日本ハムファイターズの経営理念である「Fan Service 1st」の実践にほかならず，選手もこの理念をしっかりと理解して協力していたものと思われる．

それに対し，チームとして「社会貢献」を標榜しながら，社会貢献活動に選手の力を割くことにより風邪でもひかれては困ると拒否をする監督がいるとしたなら，選手にはファンサービスや社会貢献という意識は育たない．従って監督には，経営理念に対し現場の責任者として経営者と同様の意識や行動が求められることとなるのである．つまり，ホスピタリティの実践は経営陣が顧客満足を獲得するための活動を率先して実践するという企業文化の創造の過程でもある．

（3）サービスと顧客満足

表4-6は，2012年1月に発表された慶應義塾大学理工学部管理工学科鈴木秀男教授による2011年度の「プロ野球のサービスに関する調査」である．チーム名は上位6位のみが表示されているが，7位以下球団名については過去のデータにより筆者が追加したものである．

表4-6　プロ野球のサービスに関する調査

球団	総合満足度	チーム成績	チーム・選手	球場	ファンサービス・地域貢献	ユニフォームロゴ	応援ロイヤルティ	観戦ロイヤルティ
②日本ハム	72.48	73.62	76.50	68.97	73.00	71.63	75.59	75.35
①ソフトバンク	70.62	83.88	79.52	66.07	66.28	68.18	74.19	73.89
③西武	61.36	56.59	66.09	60.89	59.69	64.44	69.13	67.76
①中日	61.29	85.89	73.36	59.04	49.57	61.25	65.14	65.02
②ヤクルト	61.01	63.53	68.17	57.52	58.13	64.71	68.02	67.64
⑥ロッテ	60.21	46.81	62.47	59.73	61.40	68.57	65.64	66.20
④阪神	60.06	47.65	59.99	61.63	52.24	71.56	70.81	72.24
⑤楽天	58.43	39.33	59.38	62.04	63.54	63.23	66.88	66.49
③巨人	57.16	53.56	63.47	59.91	53.79	63.39	62.04	62.02
⑤広島	54.11	23.05	53.67	68.21	58.76	65.65	66.68	69.77
④オリックス	54.10	40.18	57.23	58.81	56.88	63.23	57.98	56.81
⑥横浜	38.89	13.48	36.59	51.40	44.60	52.65	55.83	56.83
12球団全体	61.14	56.20	66.06	63.23	60.05	66.78	66.66	66.88

注：球団名の前の数字は2011年度のリーグ順位．
出所：鈴木研究室HP（慶應義塾大学理工学部管理工学科, http://www.ae.keio.ac.jp/~hsuzuki/baseball0901/pdf2012/3file.pdf，2012年7月19日閲覧）を筆者が一覧表化．

　今回の調査の総合満足度では日本ハムが首位となっている．日本ハムの順位は例年1位にランクされており，東京から札幌への移転にあたり周到な準備と戦略をもって取り組んでいたものと思われる．特にファンサービス・地域貢献の項で2位に6ポイント以上の差をつけ日本ハムは1位となっており，まさに企業理念である「Fan service 1st」がチーム内にも徹底していることを窺がわせる結果となっている．

　このデータで特徴的なのは，日本ハム，ソフトバンク，西武といったパ・リーグのチームが総合満足度でベスト3を占めていることである．さらに，ロッテのチーム成績がパ・リーグ最下位にもかかわらず総合で第6位に入っている．このことから，チーム成績は総合満足に影響を与える唯一の要因でないことがわかる．例えば阪神というチームに対し顧客は，チーム成績や選手に対する満足度やファンサービス・地域貢献については平均より低いが，ユニフォーム・ロゴ，応援ロイヤルティや観戦ロイヤルティが非常に高いことが示されている．

しかしながらチーム成績に対する評価値を見ると，他の評価項目の平均値と比較し56.20と一番低く，しかもトップ球団である中日が85.89であるのに対し，最下位球団は13.48とばらつきが大きいことが特徴となっている．このことはプロ野球において顧客満足を向上させるには成績を上げるためにスター選手の獲得による方法が有効であることを示唆しているとも解釈できる．しかしながら，チームの財力を越えた選手補強に失敗した場合には大きな痛手を負うというリスクが存在することを意味している．松野・八木[2011：206-208]は，スター主義戦略の採用がハイリスク・ハイリターン戦略であり，スター選手の投入により観客動員数を増やすためには，ファンに対して，チームコンセプトを明確にすると共にスター選手投入のコンセプトを明らかにする必要があると

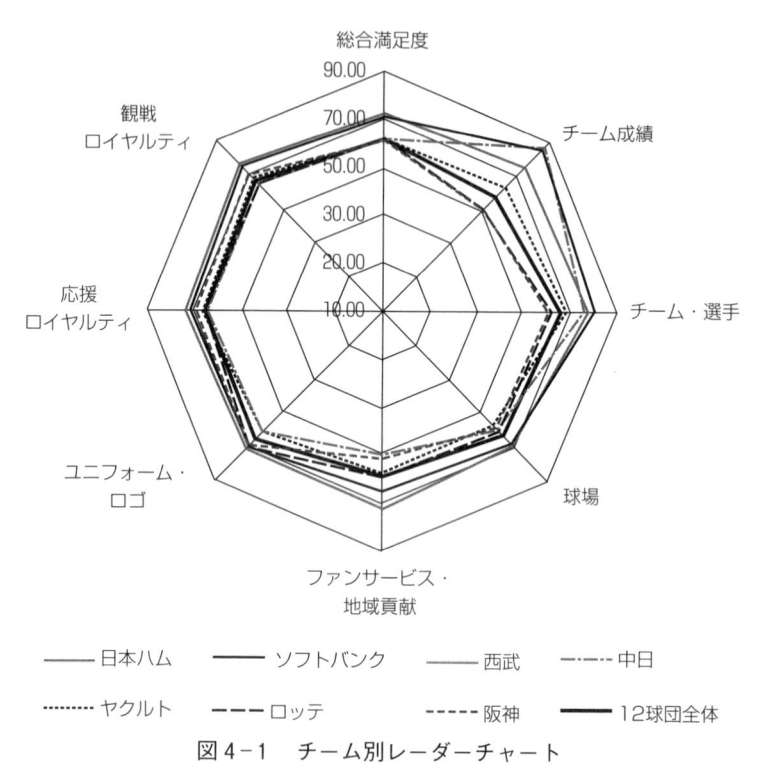

図4-1　チーム別レーダーチャート

出所：表4-6より筆者作成．

している．つまりスター選手の価値を高めるには，スター選手の光り輝く天才的プレーだけでは不十分で，スター選手を通じて球団のコンセプトをファンに伝えることも重要となる．「華麗なるヒーロー」，「不屈の英雄」，「職人」などスター選手のコンセプトがチームのコンセプトと共鳴する場合に，ファンの共感を呼び，熱狂的な支持層を増大させることにつながるというのである．

例えば7位にランクされている阪神タイガースのような成績に左右されずに観客の動員が可能なチームづくりが理想と言えるのではなかろうか．

スポーツ産業の特徴は，スポーツ用品の製造など除けば，そのほとんどが第3次産業に属していることである．従って，スポーツビジネスにおける商品は無形のサービスにあるといってよく，企業としてのビジョンを明確にすることと担い手としての人材の育成が重要であると考えられる．

注
1）統計局HP（http://www.stat.go.jp/index/seido/sangyo/pdf/24san1-5.pdf，2012年6月14日閲覧）．
2）技術を売却してほしいとのオファーがあったが，日本の技術の流出につながる恐れがあるので，断ったとのことである．
3）『日経情報ストラテジー』2010年10月号，pp. 48-49.

第5章

スポーツ用品産業

　スポーツ用品は，スポーツの数だけ存在すると言われている．それほどにスポーツに関わる産業も多岐に渡っている．従って，Aaker and Erich [2000] がブランドの議論として取り上げたナイキやアディダスのようなグローバル企業が存在する一方で，辻谷工業のように砲丸の制作では競技者の多くから支持される匠企業が存在している．

　スポーツ用品産業についての研究は少なく，本章では最初にスポーツ用品についてその種類や機能について検討を行い，次にスポーツ用品産業の特徴について整理を行う．その上でスポーツ用品産業のビジネスモデルについて検討を行う．

1. スポーツ用品とは

（1）スポーツ用品の種類と分類

　冒頭に述べたとおり，スポーツを行うにはその競技特有の用具や器具が必要になる．鳥羽・内田［2011：59］は，スポーツ大辞典を参考にしながら表5-1のようにスポーツ用品の分類・整理を行っている．

　表5-1からもわかるように，競技に直接必要な用具に加え，競技を運営する上で必要な間接的な用具がある．例えば，審判のホイッスル，警告カードなど判定に関わる用具や，時間を計測する時計や掲示に関わる用具などその種類は多岐に渡っている．さらに，競技用のユニフォーム，ボールやバット・ラケットに加え，これらの用具を収納・運搬するためのケースやバッグもスポーツ用品に含まれる．これに練習用の衣類や用具などを加えると1つの競技でも多様な用具が必要となることが判る．

表 5-1　スポーツ用品の分類

器具		ゴール，ラインマーカー，ネット，ネットポール，体操器具（鉄棒，跳び箱，助木など），審判台，ホイッスル，測定器具，判定器具，警告カードなど
道具	手具	ボール，グローブ，ミット，バット，ラケット，クラブ，新体操用（縄・輪・棍棒・リボン）
	防具	サポーター，プロテクター，剣道用防具，ボクシング用ヘッドギアなど
	登山・キャンプ用具	ハンマー，ピッケル，縄梯子，ザイル，キャンプ什器など
装身具		シューズ，ユニフォーム，ウエア，帽子，サングラス，ウエットスーツなど
予防・保護		テーピングテープ，サポーターなど
容器		スポーツバッグ，収納ケース，キャリーバッグ，ボールケース，シューズケースなど
機械		ピッチングマシン，トレーニング用マシン，自転車など
戦略・戦術用		作戦用ボード，ゲーム解析ソフト，無線器具など
その他		キャラクターグッズ，レプリカ，応援用グッズ（メガホン，スティックバルーン，フェイスペインティング，ブブゼラなど）

出所：鳥羽・内田［2011：59］を一部改編．

　さらにJリーグから始まった揃いのレプリカユニフォームとタオルマフラーによる観戦スタイルがプロ野球の観戦にも広がるなど，観戦・応援用グッズにそのマーケットは拡大している．
　このようにスポーツの数×アイテム数の用品が存在しており，これに関わる企業が規模の大から小まで非常に多いことが理解できる．さらにマイナースポーツと市場規模の小さな競技やニュースポーツと呼ばれる分野が存在し，スポーツ用品メーカーは，規模の小さなマーケットの中で鎬を削っているというのが実情である．

（2）スポーツ用品に求められる機能と競技との関係
　スポーツの実践についてはその競技に応じた用具や器具が必要となる．これらはスポーツを行うための必需品であり，①機能性，②正確性，③安全性が必要とされるが，テクノロジーの進歩でますます充実しているという．さらには選手自身もテーピングやサポーターなどの予防・保護用具を身に付けること

により，より高いパフォーマンスが可能となっている．

さらにスポーツは競技ごとの特性があり，表5-2に整理したように用具への依存度が異なっている．ゴルフ競技を例にとると，クラブのシャフトがスティール，カーボン，チタンなど多様化しており，競技者は公認された用具の中から自分にマッチしていると思われる用具を選択し，さらに練習をつむことによりそのクラブを使いこなし競技に臨むこととなる．

また，ランニング競技では身体能力で競技性を競い用具への依存度は低いといわれているが，トラック競技とロード競技ではシューズの仕様が異なっている．しかもトップアスリート向けから一般ユーザーまでその仕様は幅広い．

このように用具とテクノロジーの関係において用具への依存度が最も低いと思われていた水泳へのLRZ RACER®の登場が衝撃を与えることとなった．北京オリンピックでは，水泳32種目のうち21種目で25の世界新記録が樹立されたが，そのうちの23がLRZ RACER®を着用した選手によるものであった．この問題については，ミズノ，アシックス，デサントの3社が日本水泳連盟にいずれかの企業の取り扱う水着を着用することを条件に金銭的な支援を行っていたことが問題を複雑にした．メディアでも大きな注目を集めたが，スポンサー各社が大人の対応をすることで問題の解決が図られたが，用具への依存度が低い水泳での出来事であるだけに注目を集める結果になったものと思われる．

その後LRZ RACER®は公認を外れることとなったものの，LRZ RACER®ハイブリッドという下位モデルが公式競技以外で使用され一定の市場を確保しているという．これは，ゴルフの非公認の飛ぶボールや非公認の飛ぶクラブが市場でアマチュアゴルファーに支持を得ていることと同様の現象と考えられる．

表5-2 競技と用具との関係

用具への依存度	代表的な競技種目
大	ゴルフ，アーチェリー，射撃，自転車，ボートなど
中	各種球技，スケート，スキー，トライアスロンなど
小	ランニング，水泳，登山，ダンス，各種格闘技など

出所：鳥羽・内田［2011：59］を一部改編．

（3）応援用グッズ

　Jリーグの発足により大きく成長をしたのが応援グッズ市場である．Jリーグ発足当初はレプリカユニフォームにタオルマフラー，メガホンが一般的な応援スタイルであった．これらのグッズはJリーグの共通グッズとしてリーグが一括管理を行っている．これにチームごとのオリジナルグッズが加わり，各チームのショップや試合会場では多様なグッズが販売されている．特にレプリカユニフォームはそのチーム応援者同士を結び付けるグッズであり，ホームチームのゴール裏がチームカラーに染まる光景は壮観である．これらのグッズはクラブの売り上げの一部となり収益にも貢献している．

　Jリーグに所属する各クラブは，契約をした企業よりユニフォームの提供を受けている．従って支援をしている企業には，ユニフォームのデザインを変更するたびに数千枚単位のレプリカユニフォームの新たな需要が見込まれることとなる．これによりビッグクラブを担当するメーカーは投資以上の利益が期待されることとなる．

　さらに，応援用グッズはレプリカユニフォームにとどまらず，定番グッズとしてはタオルマフラーがある．選手入場の際にサポーターはこのマフラーを掲げチームカラーで選手の入場を迎える儀式として各チームに定着している．このほかに各チームはマスコットキャラクターを保有しておりこのキャラクターのぬいぐるみやキーホルダーなど多様なグッズを販売している．特に限定グッズに対するサポーターのこだわりは高く，グッズの保有数とチームへのロイヤルティは相関関係にあるのではないかと思われる．

　この応援グッズのマーケットは，プロ野球にも広がっている．レプリカユニフォームとタオルマフラー，バット型ツインメガホンはもはやプロ野球応援の定番グッズということができる．これによりプロ野球の応援スタイルは，Jリーグの応援スタイルに近いものとなり，ねじり鉢巻きをして必死の形相で鐘・太鼓をたたき贔屓チームを応援するというかつての戦闘的ともいうべき応援スタイルは大きく変化した．このような野球を楽しむ応援スタイルが定着した．これに加え広島カープの本拠地広島市民球場には砂被り席，スイートルーム，パーティーフロア，テラスシート，パフォーマンスシートなど多彩な観客席が設けられるとともに，座席の幅も50cmと広くなりユニバーサルデザインに配慮した

球場も登場している．このようなハード面での対応と多様なグッズを用い試合観戦を楽しむという傾向はますます強くなっていくものと思われる．

　また，アマチュアチームにもグッズ販売の拡大が見られるが，発注量と販売量を的確に把握することが重要である．ありがちな事例は，製造単価を安くするために一度に大量発注し大量の在庫を抱え，完売するのに数年を要するようなケースである．資産勘定としては黒字であるが，貴重な資金を数年間寝かせることにもなりかねず，キャッシュフローがチーム運営の制約条件になりかねないことに留意すべきである．

2．スポーツ用品産業の特徴

(1) スポーツ用品産業研究の動向

　日本におけるスポーツ用品産業の研究は決して十分とはいえない．スポーツ産業論の代表的教科書である原田[2011]において取り上げられているものの，紙幅の制約からか産業の規模や代表的企業については議論されているが，産業構造やその特徴にまで踏み込んだ説明はなされていない．海外においても同様の研究は多くはなく，Andreff[2006]がスポーツ用品産業の特徴を，①需要が競技ごと国ごとに分割されている，②供給側はグローバル規模で寡占化が進んでいる，③製品は多角化している，といった点で整理している．

　例えばナイキでは，いわばフィル・ナイトの描いた海外の安い労働力で高品質な製品を作り，当時アメリカでトップであったアディダスやプーマを席巻するというビジネスモデルの実現が最優先されていた．そのために，ビジネスの対象であるスポーツについてのアイデンティティは等閑視される傾向にあった．Aaker and Erich[2000]が取り上げたナイキのブランド・アイデンティティの再定義は，スポーツをビジネスの中核に据え直し，「スポーツと健康」というコア・アイデンティティによる再構築の試みと評価できる．その結果，ナイキは1986年に10億ドル，1990年には22億ドル，1994年には38億ドル，1998年には96億ドルの企業に成長したという．つまり，これはスポーツを中心にしたビジネスモデルへの再定義であり，設立当時に共同出資者であるバウワーマンがアスリートのためにシューズの研究や改良を重ね真摯な取り組みを成したとい

う原点に立ち戻ることを意味している．同様に創業家の経営から離れたアディダスブランドの漂流と再構築についても議論を行っているが，日本におけるスポーツ研究の中ではこのような議論はほとんど展開されていないのが実情である．

（2）寡占化の進行

表5-3はスポーツ用品企業の売上高と従業員数［有吉・中嶋・伊吹ほか 2011：137］である．ナイキとアディダスが突出し寡占化が進んでいることを示すとともに，日本のアシックス，ミズノが第2グループを形成している．有吉・中嶋・伊吹ほか［2011：136］によると財務データが公開されている企業が少なく産業全体の規模や，どのくらいの企業によりどの程度の寡占状態になっているのかを明示するのは難しいが，ナイキ，アディダス，アシックス，ミズノの売上が他社を大きく引き離しており，相当に寡占化が進んでいる業界であると示唆している．

寡占化が進む理由は産業そのものの成熟化の流れの中で，競争の結果規模の経済を活かした少数の企業が市場の寡占化をさらに一層促進するからである．そして，同一産業内でM&Aによる総合化・規模拡大が図られているという（詳しくは後述）．見方を変えると，メジャースポーツのグローバル化に対応できる企業が生き残ったという側面も否めない．

表5-3 スポーツ用品企業の売上高と従業員数

企業名	2009年度売上高（百万ドル）	従業員数（2009年／人）
ナイキ	19,014	34,400
アディダス	14,955	39,982
アシックス	2,457	5,217
ミズノ	1,645	5,900
モルテン	290	675
LOTTO APORT ITALIA SPA	211	250
HEAD SPORT GMBH	160	326
PHENIX CO.LTD	79	227
MARES SPA	71	不明

出所：有吉・中嶋・伊吹ほか［2011：137］．

（3）細分化された市場

サッカーやオリンピックに取り上げられるグローバル化したスポーツが存在する一方で，その国や地域で行われている独自のスポーツが数多く存在しているのもスポーツの特徴の1つである．グローバル化が進めば進むほどナショナリズムやローカリズムが促進されると指摘されているが，スポーツの世界に置き換えるとサッカーやオリンピック競技のようなメジャースポーツが発展すればするほど，その国固有のスポーツやその地域に固有のスポーツが強化されることになる．このようなマイナーもしくはローカルスポーツを支えるのは寡占化・総合化しグローバルに展開しているスポーツ用品企業ではなく，地域に根差し，その競技やルールばかりでなく技術に熟知した中小企業である．

例えば，埼玉県富士見市の有限会社辻谷工業は砲丸の製造において世界的な評価を得ている．オリンピック3大会連続（アトランタ，シドニー，アテネ）で金・銀・銅を独占するという快挙をなしとげたという．そんな辻谷工業が2008年の北京オリンピックでは各国の選手からのオファーや北京オリンピック組織委員会からの砲丸提供の要請を断ったという．中国重慶で行われたサッカーアジア杯でのサポーターの行動に疑問を感じたのが最大の理由であるという．スポーツを愛しその為だけに全うするのは選手だけでなく技術職人にとっても同じ事であり，それが故に中国のサポーターの行動には疑問を感じたという．つまり「職人の意地」を大切にして，お金では買えない職人気質を今も大事にしているのである．

3. スポーツ用品産業のビジネスモデル

（1）ディストリビューターからファブレス企業へ

ナイキの創業は1964年のブルーリボンスポーツ社に始まる．そのブルーリボンスポーツのアイデアは1959年，フィル・ナイトがスタンフォード大学のビジネススクールに進学しスモールビジネスの講義で書いた論文によるという．Strasser and Laurie [1992] によると，この論文は日本の安い労働力を活用することでアディダスに匹敵する陸上シューズが比較優位の形で安価に製造でき，これを販売すればアディダスを打ち負かすことができるという内容であっ

たという．そして，このビジネスをカリフォルニア州，オレゴン州，ワシントン州の販売店で展開することを想定し，当時は，このアイデアが世界を席捲するほどのアイデアであるとは考えていなかったとのことである．

スタンフォード大学を卒業した後の1962年，フィル・ナイトは日本のオニツカタイガー（現在のアシックス）を訪問し，アメリカでの販売権を獲得した．1964年，彼はアメリカに帰国し，大学時代のコーチであったビル・バウワーマンと2人で500ドルずつ出資し，ブルーリボンスポーツ社を設立した．初期の頃はフィル・ナイトが自分の車にシューズを詰め込み，各競技会場で直接販売したという．ディストリビューターとしてビジネスをスタートさせたのである．

その後1971年には会社名をギリシャ神話の勝利の女神ニケ（NIKE）からとったナイキに変更した．さらに翌1972年，フィル・ナイトは，ナイキをブランドとして売り込むためにロゴマークを取り入れることを決め，当時，彼が会計学の講師として勤務していたポートランド州立大学でグラフィックデザインを専攻していた学生キャロライン・デビッドソンにデザインを依頼した．そして，この年にバウワーマンのデザインによるナイキブランドのシューズを久留米の日本ゴムに生産委託する．これがファブレス企業としてのナイキのビジネスモデルの原型である．ビル・バウワーマンはさらにいっそうシューズの開発に励みワッフルソールを発売した．これは，現在のスポーツシューズの原型となり，それまでのシューズとは全く違う画期的なものであったという．1978年には7100万ドルの売上高を確保し，フューチャーオーダーシステムにより半年に1回（後に年4回）の発注に基づき製造をするために原材料や在庫を最小にすることが可能なシステムを完成させたのである．さらに1980年には株式を公開するなどファブレス企業として急成長を遂げるのである．

1983年売上高が1億4900万ドルに上ると，フィル・ナイトはロゴを依頼したキャロライン・デビッドソンにダイヤモンド入りのスウィッシュ（ロゴの名前）リングとナイキ株を手渡し，自身は経営から身を引いた．ナイキの"エア・ジョーダン"はこのころからシカゴ・ブルズのバスケットボール選手マイケル・ジョーダンの名前とともに爆発的人気となり若者の間で流行のファッションアイテムになっていった．

創生期のナイキを担ってきた人たちがナイキを去り，その後ナイキには，大

きな危機が訪れる．Aaker and Erich [2000] によると，リーボック社の売り上げが，女性の間に流行したフィットネスとエアロビクスブームを利用し，1982年の3500万ドルから1985年には3億ドル以上に躍進したのである．ナイキはカラフルでファッショナブルなエアロビクスシューズを軽く見ており，かつてアディダスがジョギングブームでかかった（しかけたのはナイキ）のと同じ技術志向の会社にありがちなトラップに陥ることとなる．フィル・ナイトが復帰しブランドアイデンティティの再構築を行い立て直しに成功した．その後スエットショップ問題により学生を中心とした消費者の不買運動により売上が減少したが，CSR 担当副社長としてマリア・アイテルを外部から招聘するとともに，1999年 GAP や世界銀行とともに NGO「グローバル・アライアンス」の設立やグローバル・コンパクトへの署名をするという対応を行い，2007年 The World's Sustainable Business Stocks でベスト20にランクインした[1]．

（2）ブランドの確立と総合化

アディダスの後継者であるホルストダスラーは，ナイキ型のビジネスモデルへの転換を図ったが，志半ばの51歳でこの世を去った．その後の親族間の経営権争いの結果，1992年に銀行団主導でロベール・ルイ・ドレフュスが経営権を握った．ドレフュスはアメリカのナイキとリーボックのビジネスモデルを観察し，アディダスのブランド・アイデンティティの再構築に取り組んだという．そのためにナイキの元役員ロブ・ストラッサーとピーター・ムーアがアディダスに採用された．Aaker and Erich [2000：184-86] によると，彼らは漂流してしまったアディダスブランドの再構築に取り組み，最初に肥大化した製品ラインを整理しアディダスのブランド・アイデンティティを構築したという．そして，これをベースに新しいブランド管理構造，広告の再活性化，スポンサー活動の重視，アディダスの名を冠した草の根レベルのイベントを実施したという．広告とマーケティング費用を6％から12.5％に引き上げアディダスブランドの再構築を行った結果，アディダスは，技術中心のスポーツ・シューズメーカーから総合型のスポーツ用品企業へと踏み出すことになったのである．

その手法は極めてダイナミックで，1997年にウインタースポーツ用品のサロモンを買収し，社名をアディダス・サロモンに変更をした．サロモンは1985年

にゴルフのテーラーメイドを買収しており，アディダスはウインタースポーツとゴルフ部門を一挙に充実させた．さらに2005年になりアディダスはリーボックの株式の取得を開始した．2006年にはフィンランドのアメアスポーツにサロモンを売却し，得た資金でリーボックを買収したのである．その結果アディダスは，カジュアル部門に強いリーボックを加え2つのブランドでナイキに挑戦することとなったのである．

これに対しナイキは，例えばゴルフ部門はタイガー・ウッズを採用し自社ブランドで展開を図っている．さらに高級ブランド（シューズ，ハンドバック，アクセサリー，コート）のコールハーンや若者のアクションスポーツブランドのハーレー・インタナショナルやコンバース，アンブロ・リミテッドなどを加えている．

日本ではM&Aについては合併もしくは企業統合と同じ意味に捉えられがちで，合併された方のブランドが消滅すると理解されがちだが，これは1つの手法に過ぎない．資本のみがやりとりされるようなM&Aの場合は，同一資本もしくはホールディングス・カンパニーのもとに統合されているものの，事業会社としてブランドや経営陣がそのまま経営を継続するケースも希ではない．例えば，プーマはフランスのファッションブランドの持ち株会社PPRの傘下でサッカーとスポーツファッションに特化したブランドとして経営が継続されている．プーマは，日本において20代から30代の女性に人気のスポーツブランドとして支持を得ている．このような構造をしっかり把握しておかなければ，スポーツ用品産業の理解は難しくなると思われる．

（3）研究開発の重要性

スポーツ用品産業では企業の技術を製品に活かすためにトップアスリートとのエンドースメント契約が行われる．エンドースメント契約とは『知恵蔵』(2011年版)によると「選手個人に対する契約形態の1つ．企業がエンドーサー（endorser）である有名アスリートと肖像権利用や商品化権の独占契約を結び，それを商品販売に反映させるために行われる．エンドースメントに最も力を入れているのがスポーツ用品企業のナイキで，2002-2006年の5年間で選手とチームに対して合計10億ドル（約1200億円）の契約を結んだ．エンドーサーである有

名アスリートのブランド力が高まれば，エンドーサーとしての価値も高まるが，具体的な効果については不明な点も多い」(原田宗彦早稲田大学教授)とブランド力強化の面からの説明がなされている．

　例えば，アディダスの創業者のであるアディ・ダスラーは，トップアスリートとひざ詰めでシューズの開発に当たったと語り継がれている．このようなトップアスリートとの契約は製品の研究開発にも生かされる．最先端の機能を有した製品はトップアスリートの意見を取り入れ開発され，そのアスリートのために供給される．そしてその後一般ユーザーに提供されることとなる．Pine and Gilmore [1999] は「ナイキは単にスポーツシューズを提供しているのではなく，トレーニングという経験を提供している」と表現している．その意味では，スポーツ用品産業においては研究開発が重要なポイントであると言えよう．

　スポーツ用品産業に属する企業は製造業者・卸売業・小売業者に大別することができるが，アディダスやナイキはアメリカの標準産業分類 (SIC) では，519：Footwear Wholesalers に分類されている．電子機械産業における収益構造を示す言葉としてスマイルカーブと呼ばれる現象がある．これは事業プロセスの川上に位置する商品開発や部品製造と川下にあたるメンテナンスやサービスの収益性が高く，中間の製造段階はあまり収益性が高くないことを示してい

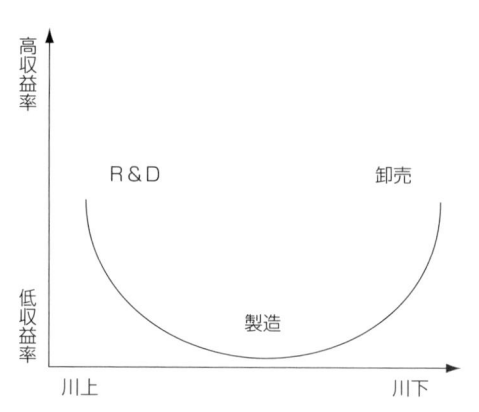

図 5-1　スポーツ用品産業におけるスマイルカーブ現象

出所：有吉・中嶋・伊吹ほか [2011：141]．

る．有吉・中嶋・伊吹ほか［2011：141］はスポーツ産業におけるスマイルカーブ現象を図5-1により説明している．つまり，R&Dと卸売部門の収益性が高いことを示している．スポーツ用品小売業では，かつては地域にスポーツ用品小売業者が存在していたが，全国展開をするアルペンやスポーツデポなどのカテゴリーキラーが市場を支配し，この面でも寡占化が進んでおり，メーカーや卸はアンテナショップを除き直接販売を行うことは少ない．

ナイキとのビジネスモデルの違いについて，鬼塚［2000：166］は，「われわれの考えでは，技術ありき，生産ありき，そして販売ありきだが，ナイキは工場に投資する金をマーケットに投資する．タイガー・ウッズなどに高額の契約料を払いイメージ展開をするのもその1つである」としている．

本章では，スポーツが「するスポーツ」，「見るスポーツ」，「支えるスポーツ」とその領域が広がるにつれ，提供されるスポーツ用品も多岐に渡り様々な産業と関わりを広げていくことを議論した．スポーツの健全な発展にはスポーツを支える産業が健全であることが前提で成り立つものである．従ってスポーツ産業についての理解は必要不可欠であり，スポーツに関わる産業についての研究がますます進展することが望まれる．

注
1）この件については松野・有吉［2011：168-70］参照．

第6章

スポーツマーケティング

　マーケティングについての一般理解は,「商品の販売やサービスなどを促進するための活動.市場（しじょう）活動」（広辞苑第6版),「消費者の求める商品やサービスを調査し,商品開発と効率的な販売方法で市場拡大を図る企業活動」（明鏡国語辞典）とされている.また,スポーツ用品のマーケティング研究において,ナイキやアディダスの事例が Aaker and Erich［2000：165-96］によりブランド構築の議論の中で取り上げられており,そこから多くの示唆が与えられている.

　本章では最初にマーケティング理論の変遷について考察し,次に観戦スポーツを中心にスポーツに関わるマーケティングについて理論的な整理を行う.そして,情報通信技術（Information and Communication Technology,以下 ICT）による顧客管理および顧客のロイヤルティ向上について検討を行う.

1. マーケティングの変遷

（1）マーケティングとは

　マーケティングについての辞書的な意味は前記のとおりであるが,表6-1に整理したように,Drucker は「マーケティングの目的は,セリング（売り込み）を不要にすることだ.マーケティングの目的は,顧客について十分に理解し,顧客に合った製品やサービスが自然に売れるようにすることなのだ」［Drucker 1954］と述べている.Levitt は「マーケティングとは顧客の創造である.顧客を引きつけ,維持するという企業目的を達成するために,総力を挙げてやらなければならないすべてのことを,一手に引き受けるのがマーケティングである」［Levitt 1974］とし,「マーケティングとセリングは天文学と占星術,

表6-1　マーケティングの定義

Drucker [1954]	マーケティングの究極の目標は，セリング（売り込み）を不要にすることである．顧客について十分理解し，顧客に合った商品やサービスが自然に売れるようにすることである．理想を言えばマーケティングは商品なりサービスを買おうと思う顧客を創造するものであるべきである．
Levitt [1974]	マーケティングとは顧客の創造である．顧客を引きつけ，維持するという企業目的を達成するために，総力を挙げてやらなければならないすべてのことを，一手に引き受けるのがマーケティングである． すべての企業はその成長，その顧客の獲得・維持は単に販売活動，つまりセリングを行うことではない．それはマーケティングを行うことである．マーケティングとセリングは天文学と占星術，あるいはチェスと将棋のように似て非なるものである．
Kotler and Armstrong [1989]	マーケティングとは，どのような価値を提供すればターゲット市場ニーズを満たせるかを探り，その価値を生み出し，顧客に届け，そこから利益を上げること．そして，市場や利益機会に目を留めたら，その規模を定量的に評価すること．自社の力がもっとも生かせそうな市場セグメントを特定して，適切な製品やサービスを企画してプロモーションを図るのも，マーケティングの役割である．
日本マーケティング協会HP	マーケティングとは，企業および他の組織[1]がグローバルな視野[2]に立ち，顧客[3]との相互理解を得ながら，公正な競争を通じて行う市場創造のための総合的活動[4]である

注：1）教育・医療・行政などの機関・団体を含む．
　　2）国内外の社会，文化，自然環境の重視．
　　3）一般消費者，取引先，関係する機関，個人，および地域住民を含む．
　　4）組織の内外に向けて総合・調整されたリサーチ・製品・価格・プロモーション・流通，および顧客・環境関係などに関わる諸活動をいう．
出所：筆者作成．

あるいはチェスと将棋のように似て非なるものである」としている．さらにKotler and Armstrongは「マーケティングとは，どのような価値を提供すればターゲット市場のニーズを満たせるかを探り，その価値を生み出し，顧客に届け，そこから利益を上げること」であると説明している．

また，日本マーケティング協会の1990年の定義では，「マーケティングとは，企業および他の組織がグローバルな視野に立ち，顧客との相互理解を得ながら，公正な競争を通じて行う市場創造のための総合的活動である」とされている．ここでいう他の組織として「教育・医療・行政などの機関，団体」が想定されており，マーケティングが民間企業にとどまらず，NPOや自治体などの非営利組織も想定していると考えられる．さらに，総合的活動とは「組織の内

外に向けて統合・調整されたリサーチ・製品・価格・プロモーション・流通，および顧客・環境関係などに係わる諸活動」を言う．従って，「マーケティング活動が，組織の一部が行う，組織活動全体のうちのごく一部の活動を指すものと間違って捉えられがちなため，対象範囲を組織の多くの部門が関わる活動であることを定義に含んでいる[1]」と説明されている．

（2）マーケティングの変遷

マーケティングの変遷について小林［2009：14-15］は，1937年に発足したアメリカマーケティング協会の定義の変遷を表6-2のように紹介している．1960年の定義が単に商品やサービスを届けるという企業からの一方的な働きかけであったが，1985年の定義ではいわゆるマーケティングの4Pといわれる製品（Product），価格（Price），流通経路（Place），プロモーション（Promotion）の組み合わせにより顧客（市場）に働きかける活動へと変化したことを示している．さらに2004年の定義には価値の創造や顧客との関係性などの用語が現われ，消費者の変化に対して企業の対応が従来の定義を越えた活動へ変化し，それに伴い定義を変化させていることが理解できる．

さらにKotler, Kartajaya and Setiawan［2010］は，マーケティング・コンセプトの進化を図6-1に整理し紹介している．

Kotler, et al. は，戦後60年間のマーケティング活動が様々な具体的なコンセプトを作り出してきたことを指摘するとともに，1950-60年代が製品中心の

表6-2　アメリカマーケティング協会の定義の変遷

制定年	定義の内容
1960年	マーケティングとは，生産者から消費者あるいは使用者に，商品やサービスの流れを導く様々な企業活動の遂行である．
1985年	マーケティングとは，個人や組織の目的を満足させるような交換を生み出すために，アイディア，商品，サービスの考案から，価格設定，プロモーション，流通にいたるまでを計画し，実行するプロセスである．
2004年	マーケティングとは，顧客に対する価値を創造，コミュニケートし，それを届けるための，また，組織およびそのステイクホルダーの両者が利益を得るという視点で顧客との関係性をマネジメントするための，組織の機能および一連のプロセスである．

出所：小林［2009：14-15］を表に整理．

第6章　スポーツマーケティング　75

戦後　右肩上がり　混乱　不確実性　One to One　ファイナンス主導

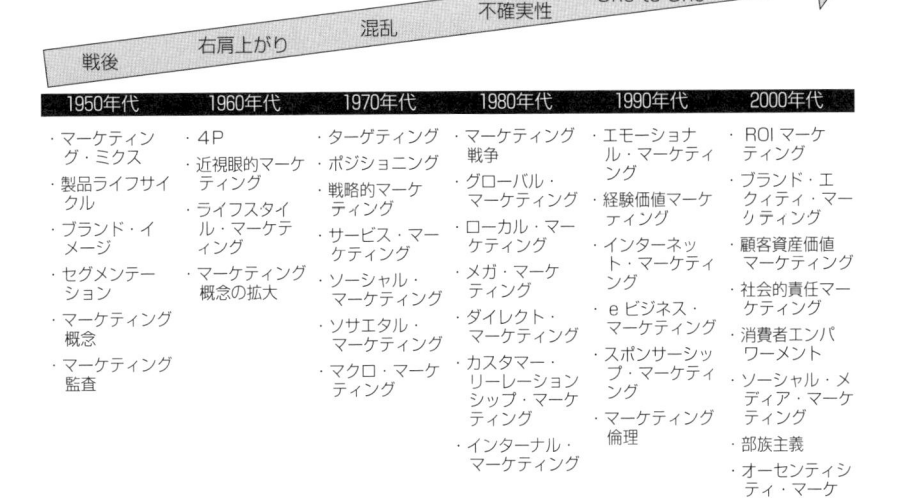

1950年代	1960年代	1970年代	1980年代	1990年代	2000年代
・マーケティング・ミクス ・製品ライフサイクル ・ブランド・イメージ ・セグメンテーション ・マーケティング概念 ・マーケティング監査	・4P ・近視眼的マーケティング ・ライフスタイル・マーケティング ・マーケティング概念の拡大	・ターゲティング ・ポジショニング ・戦略的マーケティング ・サービス・マーケティング ・ソーシャル・マーケティング ・ソサエタル・マーケティング ・マクロ・マーケティング	・マーケティング戦争 ・グローバル・マーケティング ・ローカル・マーケティング ・メガ・マーケティング ・ダイレクト・マーケティング ・カスタマー・リレーションシップ・マーケティング ・インターナル・マーケティング	・エモーショナル・マーケティング ・経験価値マーケティング ・インターネット・マーケティング ・eビジネス・マーケティング ・スポンサーシップ・マーケティング ・マーケティング倫理	・ROIマーケティング ・ブランド・エクィティ・マーケティング ・顧客資産価値マーケティング ・社会的責任マーケティング ・消費者エンパワーメント ・ソーシャル・メディア・マーケティング ・部族主義 ・オーセンティシティ・マーケティング ・共創マーケティング

図6-1　マーケティング・コンセプトの進化

出所：Kotler, Kartajaya and Setiawan [2010].

マーケティングであり，1970-80年代に至り顧客中心のマーケティングに変化していったこと，さらに1990-2000年代にかけブランド管理という概念が新たに加わったと説明している．

　スポーツのビジネス化は1984年のロサンゼルスオリンピックで一気に加速したが，1980年代にはカスタマー・リレーションシップ・マネジメントやインターナル・マーケティングなど顧客や従業員に注目するマーケティング手法が開発された．さらに，1990年代にはエモーショナル・マーケティング，経験価値マーケティング，スポンサーシップ・マーケティング，2000年代に入りブランド・エクィティ・マーケティング，共創マーケティングなどスポーツマーケティングの中核に関わるコンセプトが誕生している．

（3）マーケティング3.0

Kotler, et al. は，マーケティングの変遷を製品中心のマーケティング1.0，消費者志向のマーケティング2.0，価値主導のマーケティング3.0と表現し説明している．1.0の時代には製品開発が，2.0の時代には差別化が，3.0の時代には価値が主なマーケティング・コンセプトであるというのである．これは，第3章にて議論を行った経験価値創造の議論とも符合する内容であり，納得性の高い議論であると言える．

Pine and Gilmore [1999] の議論では，経済が農業経済から産業経済，サービス経済に移行し経験経済に移行すると説明されている．マーケティング3.0は価値主導のマーケティング手法であるとの主張に符合すると考えられる．例えば，Pine and Gilmore [1999] が主張する経験経済の後に変革経済が登場するという主張について，iPodやiPhone, iPadが登場し消費者の生活に大きな変化を与えている点を捉え，すでに変革経済は生まれつつあると主張している[Kotler, Kartajaya and Setiawan 2010：邦訳 89-92]．

さらに Kotler, Kartajaya and Setiawan [2010：邦訳 93-94] は，ロバート・マッキーが主張する「人びとを納得させるためには，事実や数字に基づく知的な議

表6-3　マーケティング1.0，2.0，3.0の比較

	マーケティング1.0 製品中心	マーケティング2.0 消費者志向	マーケティング3.0 価値主導
目的	製品を販売すること	消費者を満足させつなぎとめること	世界をよりよい場所にすること
可能にした力	産業革命	情報革命	ニューウェーブの技術
市場に対する企業の見方	物質的ニーズを持つマス購買者	マインドとハートを持つより洗練された消費者	マインドとハートと精神を持つ全人的存在
主なマーケティングコンセプト	製品開発	差別化	価値
企業のマーケティング・ガイドライン	製品の説明	企業と製品のポジショニング	企業のミッション，ビジョン，価値
価値提案	機能的価値	機能的・感情的価値	機能的・感情的・精神的価値
消費者との交流	1対多数の取引	1対1の関係	多数対多数の協働

出所：Kotler, Kartajaya and Setiawan [2010：邦訳 19]．

論に引き込むことよりも，これらを軸に感動的なストーリーをつくり人びとの感情をつかむ方が効果的である」との考えを紹介し，アップルの故スティーブ・ジョブズは，感動的なストーリーを生み出すことができるビジネス史上最も素晴らしいストーリーテラーの一人であるとしている．そして，このストーリーは序章にすぎず，アップル・ブランドの完全なストーリーは社員，チャネル・パートナーが協働しながら継続的に作り上げてきたものであると主張している．

スポーツという商品は形がなく一般企業のように製品が中心のマーケティングではなく，ミッションやビジョンが価値を創造するという意味において，スポーツマーケティングの特性はマーケティング3.0のコンセプトに合致すると考えられる．

2．スポーツマーケティング

(1) スポーツマーケティングのはじまり

1984年のロサンゼルスオリンピックからオリンピックの商業化が始まったとされている．当時のレーガン政権は「小さな政府」を標榜し，オリンピックに対する財政支援は行わなかった．それにより，オリンピック組織委員会委員長に就任したピーター・ユベロスは民間主導による大会を開催することになり，費用も最小化することを徹底した．そのため，1932年の第10回大会で使用したメインスタジアムを改修して使用するなど設備投資を極力抑えたのである．

収入源として，①テレビ放映権，②スポンサー権，③入場券，④物品販売の収入といった4本の柱を軸に，運営予算の4億2500万ドルを組織員会で確保することを目標とした．中でもテレビ放映権については，アメリカ国内のABCネットワークと運営費の50％以上の金額である2億2500万ドルの契約に成功し，海外向けの放映権を含め最終的には2億8000万ドルの収入を確保した．ただし，放映権料の1/3はIOCに分配されることになっていたため，新たに施設使用料などを設定し2億1777万ドルを確保したとされている．

スポンサー権については，1業種1社のオフィシャルスポンサーを募り，日本の富士フィルム，ブラザー工業，三洋電機を含めた31社を決定し，1社当た

表6-4　ロサンゼルスオリンピックの収支の概算

収入		支出	
放映権料	2億1777万ドル	最終運営費	4億6900万ドル
スポンサー権	1億2400万ドル		
入場券	1億5100万ドル	利益	1億5000万ドル
物品販売他	1億2623万ドル	(米国内のスポーツ振興)	
収入合計	6億1900万ドル	支出合計	6億1900万ドル

注：収入の物品販売の数値は，合計－放映権料－スポンサー権－入場券にて算出．
出所：小林［2009：29-34］の数値を整理．

り400万ドル程度のスポンサー料を得た．注目すべきは，大会運営に必要な物品や備品を提供してもらうオフィシャル・サプライヤーを募り調達したことである．企業数は最終的に69社におよび，組織委員会の直接的な出費を大きく低減することに成功している．

　入場券については，1年以上前に販売を開始しその収入を，当時高金利であったアメリカの金融市場で運用し，7500万ドルの目標に対し1億5100万ドルの収入を確保した．

　また，物品販売では大会マスコット「イーグルサム」のグッズや様々な大会グッズを販売するとともに，聖火ランナーを有料にて募集するなど，考えられるものはすべて収入につなげるという貪欲な取り組みで，1億5000万ドルの黒字の決算となり成功裏に終了した．さらに収益はアメリカ国内のスポーツ振興のために使用されたという．

　民間主導のロサンゼルスオリンピックが黒字化したことにより，IOCは自ら放映権ビジネスやスポンサーの獲得に乗り出すなどビジネスとしての取り組みを強化する転換となった．その意味ではスポーツマーケティングが一定の方向性を確立する契機となるとともにオリンピックのビジネス化への大きな転機となったのである．

（2）スポーツマーケティングとは

　表6-5に示したようにスポーツマーケティングの定義については，「するスポーツ」，「見るスポーツ」，「支えるスポーツ」とその態様が複雑化するに伴い，

表6-5　スポーツマーケティングの主な定義

山下 [1985]	体育・スポーツ事業の需要創造から運動者満足の達成に至るまでのプロセスを問題にし，運動の場や機会を円滑に，しかも最適な方法で運動者に供給するための一連の活動
広瀬 [2002b]	競技団体，スポーツに関する企業，および他の企業や組織がグローバルな視野に立ち，スポーツファンとの相互理解を得ながら，スポーツに関する深い理解に基づき公正な競争を通して行うスポーツ市場創造のための総合的活動 ① スポーツの価値を高めるマーケティング ② スポーツを活用して商品や企業価値を高めるためのマーケティング
Carter and Rovell [2006]	プロモーションや宣伝の他，商品やサービスの属性と気持ちを通わせるために行われるありとあらゆるスポーツとスポーツに関連した活動のこと
Mullin, Sephen and Sutton [2000]	交換活動を通して，スポーツ消費者のニーズと欲求を満たすためにデザインされた次の2つの目的を持つ活動 ① スポーツの消費者へのスポーツ商品とサービスの直接的なマーケティング ② スポーツプロモーションの利用による他の一般商品や工業生産物，もしくはサービスの直接的なマーケティング
小林 [2009]	対象となるステイクホルダーがスポーツの価値を十分理解し，イベントの実施や施設の運営，選手のマネジメント，企業による協賛，メディアの中継・報道など，スポーツにかかわる様々な活動を通じて，その価値を高め，利益をえるための一連のプロセス

出所：筆者作成．

その定義が変化してきたことがうかがえる．

例えばビールという商品であれば，高級品であれ大衆品であれ，まずは消費（賞味）しなければ，そのベネフィット（便益）は得られない．ビールを眺めていただけではベネフィットは得られないのである．しかしながらスポーツにおいては，例えばサッカーの試合を想定した場合，選手はスポーツの消費者（サッカーをする）という立場でありながら，サッカーの試合を提供する生産者でもある．さらにサポーターは，スポーツの消費者（サッカーを観戦する）でありながらスタジアム全体の雰囲気の形成者でもある．そのような観点からは，選手＝スポーツの生産者，サポーター＝スポーツの消費者という画一的な関係ではなく，選手とサポーターが協働でスタジアムの雰囲気や感動を創り出していると考えることができ，この点が「見るスポーツ」の商品としての特徴を表している．

このようにスポーツという商品を提供する側と消費する関係ではなく，選手とサポーターが協働で新たな価値を創造していく過程は，Kotler のマーケティング3.0のコンセプトにも合致するものである．

(3) スポーツマーケティングの特徴

いわゆる一般的なマーケティングとスポーツマーケティングにおける考え方に相違はなく，そこから得られるベネフィットが多岐に渡っていることである．例えば鉛筆を購入して得られるベネフィットは，書くという機能(行為)から得られるが，スポーツの試合を取り上げた場合そこで提供されるのは無形のサービスであり，消費者は経験や感動といったベネフィットを購入することになる．

また，見るスポーツにおける消費者のベネフィットは，選手のプレーを見て自分自身がそのスポーツに参加しているかのような経験を味わい，ドラマのような劇的な結末やスーパープレーに遭遇する．この経験が大きな感動と力となりベネフィットにつながるのである．

スポーツマーケティングの特徴の1つは，ステイクホルダーの多様性である．ファンやサポーターに加え，内部にはチーム・選手・スタッフという異なった価値観を持つ集団を抱えている．さらにはホームタウン(もしくは本拠地)の地域住民・自治体やメディアなど通常の企業のステイクホルダーに比較し複雑な構成になっている．このような多様なステイクホルダーと協力して価値を紡ぎだす点が大きな特徴である．

スポーツ団体・組織には公共的な支援がなされていることから，ガバナンスやアカウンタビリティなど社会的に責任のある取り組みが求められる．ほとんどのプロチームが地域密着型の運営を標榜しており，地域には知名度の向上やなにがしかの経済効果をもたらす公共性の高いプロダクトであると言える．従って，それらのチームや団体には公正な運営，情報公開やアカウンタビリティなどの社会的な責任が課せられることになる．

このようにスポーツは社会と深くかかわっており，その意味では非営利組織にも匹敵する．非営利組織とは営利を目的としない公共性の高い団体を指し，学校や病院，介護施設などが含まれる．例えば地域密着型のスポーツチームに

は，勝敗はもちろんファンの満足，地域貢献，企業としての自立性の確保などが求められることとなる．2004年の近鉄とオリックスの合併問題は大きな社会問題として取り扱われたが，これはスポーツが社会と深くかかわっていることの証左であることが指摘できる．例えば病院が医療ミスを犯したのと同様に，この問題については公正な手続きと公開性が求められていたと言えよう．それにもかかわらず，審議が非公開のオーナー会議で進められ，その過程で一部オーナーによる選手への暴言が表面化するといった事態となり，ますます社会の関心を高めることになったのである．形式的には企業と企業の合併問題にすぎなかったが，ファンのみならず一般社会をも巻き込んだ議論に広がったのである．

3．新たな試み

(1) 消費者を理解する試み

Customer Relationship Management（以下CRM）とは，情報システムを利用し企業が顧客と長期的な関係を築く手法のことで，得られた顧客データベースを元に，商品の売買から保守サービス，問い合わせやクレームへの対応など，個々の顧客とのすべてのやり取りを一貫して管理する．その結果，顧客のニーズによりきめ細かく対応することが可能となり，顧客の利便性と満足度を高め，顧客を上得意として囲い込み収益の最大化をはかることが可能となっている．

例えば，Jリーグの所属する各クラブは2009年より，『ワンタッチパス』を導入した．その内容は会員カードを発行し，顧客ごとの観戦履歴をホーム・アウェイに関わらず全スタジアムのゲートにおいて自動的に記録しデータベース化することによりマーケティングに活かそうとの試みである．シーズンシート保有者，ファンクラブ会員などの顧客データを，クラブ別に設定したデータベースに蓄積していく試みである．

これらのカード/チケットをアウェイゲーム，リーグ戦・カップ戦にかかわらずスタジアムのゲート端末にタッチすることにより来場を認証し記録する．来場記録は，それぞれの各クラブがデータを蓄積するとともに，利用者も自分

のパソコンや携帯電話のマイページから確認が可能である．各クラブは，これらの観戦記録情報を分析・活用しマーケティング等に利用するとともに顧客サービスの満足度の向上をはかろうという試みである．さらに将来的には電子マネーとしての展開も考慮しているようである．

　このようなCRMの手法は，プロ野球の各球団においてすでに採用されている．例えば千葉マリンスタジアムを本拠地とする千葉ロッテは，独自のCRMソフト「MIX」を開発し，2006年より稼動させている．ロッテではJリーグのサポーターズナンバー12からヒントを得て，ファンを26番目の選手（ベンチ入りする選手は25名）とし，「TEAM26」というファンクラブを組織している．この「TEAM26」の会員を中心に，MIXを活用してポイントシステムを導入し，物販や，チケット販売，来場記録など，顧客データベースを構築したのである．さらにANAと業務提携を行い，ファンクラブでのポイントとマイレージの交換を可能にするとともに，ANAの持つ顧客管理ノウハウを球団経営に積極的に取り入れた結果2004年には3万人だったファンクラブ会員が，2006年には7万5000人を突破するという成果につながっている．

　また，ロッテは指定管理者として千葉市よりマリンスタジアムの管理・運営を受託し球場内の売店設置や広告看板の設置，イベント運営等が球団側の権限で行えるようになり，球団の経営改革は加速されたという．

　このようなCRMの手法は各チームともすでに導入を完了し運用されている．様々なエンタテインメントが増え，競合は他チームやJリーグだけでなく，飲食店，映画，コンサート，カラオケなどスポーツとは別のところにも存在している．単なるスポーツではなく，エンタテインメントとして試合観戦を捉えなおし，試合の面白さに加え顧客満足を向上させ顧客のロイヤルティを高めることが今後の経営の安定化にもつながるのである．

（2）ファン心理の解明

　『日経情報ストラテジー』（2010年10月号，pp. 48-49）では北海道に移転した日本ハムのプロ野球のファン心理解明の試みを紹介している．これは，独立行政法人産業技術総合研究所と連携し進めているもので，日本ハムが移転した札幌で新たなファンを開拓し，観客を増やすには何に力を入れるべきなのかを解明

しようという試みである．札幌にはプロ野球球団がフランチャイズを構えたことがなく，2004年に移転した日本ハムには，親の代からの日本ハムファンは存在せず，初のフランチャイズであることから地元だからというファンも存在しない．つまりは，ファンがゼロからスタートし成長し変化していく過程を解明する絶好のチャンスとも言える．

　日本ハムはまず，ファンクラブメンバー3000人に観戦経験などを聞くウェブアンケートを実施し，その結果を基に選んだ30人に対しグループインタビューを行い，「エリートモニター」と呼ぶ9人を抽出した．このエリートモニターには，試合中の視線カメラや，会話を録音，心拍数を記録すると共に，そのデータを基に平均3時間に及ぶ試合の中で感動した瞬間の心の動きや行動についての詳細をデプスインタビューによって解き明かしていった．

　こうした調査から，観客を心理的なステージで「プレファン」「ファン」「リピーター」の3段階に分類し，札幌ドームでの観戦につながる因子が，プロ野球を観戦したい「野球因子」と地元チームを応援したい「郷土因子」，興味がある選手を応援したい「選手因子」，観戦で盛り上がりたい「共有因子」の4つであることを突き止めた．

　さらに，2010年8月からは，球場内で観客が耳にする音をテーマにした調査も始めているという．観客は選手やボールの動きのすべてを目で追っているわけではなく，応援団の演奏など耳から入ってくる情報にも反応し，楽しんでいるという．そこで，試合観戦中のモニターの心拍数を測り，耳にした音の大きさや高低との相関を測ろうというものである．

　前項に紹介したとおり，プロ野球球団はCRMシステムの構築に力を入れ，ファンクラブ会員の来場やグッズ購入の履歴を分析する試みを行っている．日本ハムのこの試みは顧客の購入履歴や，「プレファン」「ファン」「リピーター」の中でどのレベルの顧客かを把握するにとどまらず，どんな時に試合に足を運ぼうと考えるのか，また友人や家族を観戦に誘うキーマンはどのような人なのかを知ろうとする試みである．これまでは，ロイヤルユーザーが口コミで知人・家族に来場を勧誘してくれるとの一般的な期待を持っていたが，ロイヤルユーザーのうちどのような人がどのような時に知人・家族を観戦に誘うのかという細かな人物像にまで接近することが可能になると期待される．

（3）パシフィックリーグマーケティング

　プロ野球のマーケティング上で特筆すべきは，2007年パ・リーグ6球団共同で設立したパシフィックリーグマーケティング株式会社である．その目的は「パ・リーグ各球団の地域密着」，「リーグ全体の振興への積極的取り組み」とされ，2004年問題で危機感の強かったパ・リーグの球団が生き残りをかけたリーグ全体の価値向上への取り組みと評価すべきである．特に，パ・リーグは福岡から札幌までフランチャイズの重なるチームが無いこともあり，試合では競争をするライバルでありながらそれぞれ地区での成功事例を共有してマーケティングを実施することが可能となっており，協調によりリーグ全体の価値向上を行っている点は合理的な取り組みと判断される．

表6-6　パシフィックリーグマーケティングの企業ビジョン

> 私たちパシフィックリーグマーケティング株式会社は「パ・リーグ各球団の地域密着」，「リーグ全体の振興への積極的取り組み」を企業理念に掲げ，2007年に設立されました．
> 私たちはこれまでパ・リーグ6球団共同でのイベント実施，チケット販売，スポンサーの獲得などリーグを統括し，各球団の本拠地を結びパ・リーグの魅力を全国へと発信して参りました．また商品，IT，ライセンスなど着実に事業分野も拡大し，ステイクホルダーへの満足度向上に努めております．
> 今後は更なる野球界発展のため，6球団の強固な連携と結束によりリーグビジネスにおける無限の可能性を追求し，新たなサービス価値の提供，事業展開を図って参ります．
> わたしたちパシフィックリーグマーケティング株式会社のリーグビジネスから，プロ野球界，野球界全体の発展へと繋がるよう，そして皆様へ心身の豊かさを提供し社会貢献への一助となりますよう邁進して参ります．

出所：パシフィックリーグマーケティングHP（http://www.plm-baseball.co.jp/company/index.html，2012年7月19日閲覧）．

　また，事業内容のうちの公式HPの共同運営については，MLBのインターネット部門を担うネットビジネス専門企業MLB Advanced Media社の成功事例をモデルにしており，リーグ全体の統一感のあるHPはファンにとってもメリットがあるのではないかと思われる．日本のプロ野球は球団代表であるオーナー会議が最高決定機関となっており，しかもプロ野球機構には権限がなく，プロ野球界全体の価値向上・活性化につながる決定がなされているとは言い難い面もある．その意味で，パ・リーグが実践しているリーグ全体の取り組みを広げていくことは，リーグ全体の価値向上につがる有効な手法と考えられる．

表 6-7　PLM の事業内容

共同権利の協賛ライセンスサービス	パ・リーグリーグスポンサーシップの企画・販売・実施管理 プロパティライセンスの企画・販売業務 スポンサーセールスの営業代理業務 その他，各種協賛・スポンサーシップの企画・販売・実施管理等
IT サービス	パ・リーグ 6 球団公式ホームページの企画・運用・管理 パ・リーグ 6 球団公式携帯サイト・スマートフォンサイトの企画・運用・管理 パ・リーグポータルサイトの企画・運用・管理 パ・リーグ全試合ライブ動画配信サービス「パ・リーグ TV」の企画・運用・管理 パ・リーグ全試合ライブ動画携帯配信サービス「プロ野球24」の企画・運用・管理 パ・リーグ 6 球団の共同 EC サイトの企画・運用・管理 その他，各種 IT サービスの企画・運用・管理
マーケティングサービス	CRM 企画・運用・管理 共同企画チケットの企画・販売・実施管理 共通イベントの企画・実施管理 その他各種調査・マーケティングサービス等（チケット，営業，球場，ファンサービス，MD，顧客行動特性，顧客満足度，海外事例等）

出所：パシフィックリーグマーケティング HP（http://www.plm-baseball.co.jp/company/detail.html，2012年7月19日閲覧）．

　プロ野球のようなプロチーム同士が経営面で協調することの合理性は，それほど自明ではない．試合は複数のチームが戦うことによって成立し，経験価値を決定づける試合の質は参加するチームの質によって決定される．その場合，1 つのチームの質だけが高いだけでは試合の質は高まらず，観衆を満足させることはできない．相手チームがあってこそ試合は成立するものであり，その意味ではチーム同士が協調することの誘因は存在する．

　マーケティングの視点からは，真の競争相手は，同一リーグの他チームより，むしろ他のスポーツや他のエンタテインメントと認識すべきであろう．場合によっては，祭りや地域の行事などのイベントも競争相手となりうるし，逆に地域のまちおこしの共同メンバーともなりうることを銘記すべきである．

注
1）日本マーケティング協会 HP，マーケティング用語集（http://jma2-jp.org/wiki/，2012年7月19日閲覧）．

第 7 章

スポーツ組織のガバナンス

　一般企業とスポーツを生業(なりわい)とする企業の違いは何か？　一般企業のミッションは，ビジネスでの成功を通じて企業としての持続可能性を追求し，その活動を通じ社会貢献を実現していくということになる．これがスポーツ産業となると，スポーツにおける成功，すなわちスポーツ競技における成功とビジネスとしての成功の両立を目指すことになる．つまり，スポーツにおいて成功する，さらにビジネスとしても成功するということになり，これがミッションとなる．さらに，スポーツマンが社会のロールモデルと期待されるように，スポーツに対しては様々な面において社会からの期待も大きい．その意味ではスポーツ組織のガバナンスについて議論を行うことは重要であると考えられる．

　本章においては，このような視点からガバナンスについて概括し，Jリーグとプロ野球のガバナンスの違いや変化について検討をし，スポーツの本質を生かした産業とは何かについて検討を行う．

1. ガバナンスとは

(1) 日本におけるガバナンス

　ガバナンス＝governance とは "the action or manner of governing a state, organization, etc." [1] と説明されている．日本語では統治と訳され，多くの場合は企業統治を意味している．特に2011年の大王製紙やオリンパスの不祥事により，企業のコーポレート・ガバナンスのあり方について，企業の社会的責任についての議論とともに大いに注目されることとなった．

　コーポレート・ガバナンスにおいて問題にされるのは「透明性」と「説明責

任」の2点に集約される．海外では経営者の責任は株主の利益を最大化することであり，社員や取引先などのステイクホルダーは利益を最大化するための資源と位置づけられる「share holder 型」の経営スタイルが一般的になっている．これに対し日本においては，ステイクホルダーを株主だけでなく従業員や取引先というように幅広く解釈する傾向があることが指摘できる．昨今は顧客や地域社会などを含めさらに広い枠組みで議論される場合もある．

　海外の投資家からは，日本の取締役の大半が社内からの登用であることと，社外取締役が系列銀行や大口債権者からの実質的な派遣であることなどをもって，「日本はまだ十分に開かれていない」との評価が聞こえてくる．この件については，日本経済新聞の2012年12月の「社長100人のアンケート」によると，日本の企業統治が欧米より「遅れている」「やや遅れている」との回答は42％，「進んでいる」「やや進んでいる」が1％にすぎなかったことが報道されている[2]．

　一方，これまでの日本のコーポレート・ガバナンス改革は，経営の透明化や説明責任を果たすために積極的に取り組まれたものではなく，バブル崩壊後に海外の機関投資家を中心とするいわゆる外圧により企業価値の向上と投資効率確保のための配当向上などに対応したものであったことが指摘されている．そもそも日本企業の経営には，「売り手よし，買い手よし，世間よし」の言葉に象徴されるように，企業は自身の利益のみならず関係者の利益をも向上させることが重要との認識があった．外圧による株主重視の経営は，これまでの日本的経営の考え方に大きな変更を迫るものだったと言える．

（2）スポーツ組織のガバナンス

　2010年に策定された文部科学省「スポーツ立国戦略」の中の「5つの重点戦略の目標と主な施策」において，スポーツ界における透明性や公平・公正性の向上というテーマが4番目に掲げられている．さらにこれまで一部のスポーツ組織のガバナンスのあり方に疑問や批判の声が寄せられてきたことを挙げ，このような問題は国民にスポーツ団体全体に対する疑問を喚起させ，信頼を失わせる危険性があることが指摘されている．

　具体的には，スポーツ団体の代表，学識経験者等の有識者により団体の組織

表7-1　「スポーツ立国戦略」5つの重点戦略の目標と主な施策

4．スポーツ界における透明性や公平・公正性の向上
【目標】 ○スポーツ団体のガバナンスを強化し，団体の管理運営の透明性を高めるとともに，スポーツ紛争の迅速・円滑な解決を支援し，公平・公正なスポーツ界を実現する． ○ドーピングのないクリーンで公正なスポーツ界を実現する．
1）スポーツ団体の組織運営に関するガイドラインの策定等 2）公平・公正なスポーツ団体の運営の確保 3）スポーツ団体のマネジメント機能強化の推進 4）スポーツ紛争の迅速・円滑な解決支援 5）ドーピング検査体制・防止活動の充実

出所：文部科学省HP（http://www.mext.go.jp/a_menu/sports/rikkoku/detail/1297217.htm, 2012年7月19日閲覧）．

運営体制のあり方についての指針となるガイドラインを策定することである．このガイドラインによりスポーツ団体が組織運営の体制整備の状況を積極的に公表するとともに，アスリートや指導者等が公平・公正な環境のもとでスポーツ活動を行うことができるようにすること，さらにスポーツ組織間の連携を図るとともにスポーツ組織のマネジメント強化のために組織間の連携や外部からのコンサルティングを受けること，などが挙げられている．

　この背景には，日本相撲協会で2008年に発生した力士の大麻吸引問題，2010年に発覚した現役力士や親方の関与した野球賭博問題，2011年に発覚した現役力士の八百長関与問題があることが指摘できる．大相撲の八百長疑惑についてはかねてよりスティーブン・D・レビットが『ヤバい経済学』の中で千秋楽に7勝7敗力士が異常に高い勝率をあげていることを指摘していたり，一部のメディアにより取り上げられたりしたが，これほど大きな問題に発展することはなかった．しかしながら，2010年以降は，海外出身の力士による暴力行為や相撲のしきたりに反する行動などが問題視されたりしたことも加わり，相撲協会に対する信頼は急速に低下していき，不正に対する厳正なる対処が求められるようになった．これらの諸々の問題によって2011年の名古屋場所が中止となる事態に陥り，相撲協会は組織の存立をも揺るがすほどの危機に直面した．

　また，他の競技においても，オリンピック代表の選出過程が不明確であることなどを理由にした日本スポーツ仲裁機構への意義申し立てや使途不明金の問

題など，スポーツ組織における問題が表面化した．さらには，オリンピック開催地の選定にあたってのIOC委員の不正疑惑などガバナンス上の問題も報道されている．

(3) スポーツ組織のガバナンスに求められるもの

現在のスポーツの流れを端的な言葉で説明するならば，高度化と大衆化という2つの流れがある．その流れの中でスポーツ組織が伝統的な縦社会であること，運営のための財源が決して十分ではないことが自立性をさまたげる要因であると指摘できる．スポーツ立国戦略を受け，2011年に成立したスポーツ基本法は，スポーツ団体に対し「運営の透明性」と「事業活動に関し自らが遵守すべき基準」の作成を求めている．

スポーツ団体のガバナンスは，単にそのスポーツの発展のみならずスポーツの文化的発展の一翼を担うものと考えられる．従って一団体の内部的な問題ではなく，スポーツ文化の発展に寄与するという積極的な姿勢がガバナンスに望まれる．現在のスポーツは，競技レベルの高度化と，誰もが参加できるという大衆化という2極化に加え，コマーシャリズムといかに折り合いをつけていくかという現実的な課題に直面している．従ってトップアスリートを育成・支援あるいは保護し，スポーツ愛好家の権利を保護しつつ組織運営のための資金を確保し，自立性を保持するためにも，自らを律するガバナンスの強化が求められていると言える．

重要な点は，スポーツ組織のガバナンス強化は，それぞれのスポーツ組織の

表7-2 スポーツ基本法第5条条文

（スポーツ団体の努力） 第五条　スポーツ団体は，スポーツの普及及び競技水準の向上に果たすべき重要な役割に鑑み，基本理念にのっとり，スポーツを行う者の権利利益の保護，心身の健康の保持増進及び安全の確保に配慮しつつ，スポーツの推進に主体的に取り組むよう努めるものとする． 2　スポーツ団体は，スポーツの振興のための事業を適正に行うため，その運営の透明性の確保を図るとともに，その事業活動に関し自らが遵守すべき基準を作成するよう努めるものとする． 3　スポーツ団体は，スポーツに関する紛争について，迅速かつ適正な解決に努めるものとする．

出所：文部科学省HP「スポーツ基本法」(http://www.mext.go.jp/a_menu/sports/kihonhou/attach/1307658.htm, 2012年7月19日閲覧)．

目的を達成するための手段であり目的ではないという点である．法律に規定されるとそれを遵守さえすればよしとする風潮もあるが，スポーツ組織にはそれぞれの組織目標が存在し，その目標を達成するための前提条件もしくは手段がガバナンスの強化であることをあえて指摘しておきたい．

2．Ｊリーグとプロ野球

（1）Ｊリーグとプロ野球の比較

　同じプロスポーツ組織であるＪリーグとプロ野球の相違点を整理したのが表7-3である．最大の違いは，プロ野球がセ・パ12球団の固定制であるのに対し，ＪリーグはＪ１が18チーム，Ｊ２が22チームで構成されＪ１下位とＪ２上位，Ｊ２下位とJFLの上位チームの入替戦が設定されている．これは，シーズン終盤になると優勝が決定し消化試合になりがちになるのを防ぐため，下位リーグとの入れ替え戦を設定し終盤になっても緊張感のある試合がなされるよう工夫を行っているのである．

　活動地域については，プロ野球は排他的興行権を意味するフランチャイズ制を導入している．さらにプロ野球が企業名を名乗っているのに対し，Ｊリーグでは特定の企業名を外しチーム名に都市名を入れるホームタウン制を取り入れていることが大きな特徴である．当初はフランチャイズ制として検討されていたが，ホームタウン制をとることによりプロ野球との差別化を図ったものと考えられる．また応援のスタイルも揃いのレプリカユニフォームとタオルマフラーで応援するスタイルを定着させ，ホームチームのゴール裏に集うサポーター間の連帯感の向上を図るなど，これまでのスポーツの応援スタイルに変更を迫るものでもあった．近年プロ野球でもＪリーグの応援スタイルを取り入れタオルマフラーの使用やレプリカユニフォームの着用などその影響は少なくなく，特にパ・リーグにおいてその影響は顕著である．

　例えば，パ・リーグのチームは兵庫県・大阪府のダブルフランチャイズのオリックス・ブルーウエーブを除き，都市名や県名を名乗っている．特に，東京にフランチャイズを保有していた日本ハムが北海道に移転し北海道日本ハム・ファイターズになり，仙台に東北楽天ゴールデンイーグルスが誕生するなど，

パ・リーグにおける変化が大きい。Ｊリーグが発足しプロ野球の衰退が言われていたが，現実にはパ・リーグにおいて，大きな危機感が共有され，千葉ロッテ・マリーンズを筆頭に地域に密着した活動が実践され，パシフィックリーグマーケティングによる共同マーケティングが行われる等の経営改革が進み，大きな変革がもたらされている。一方，近鉄バッファローズとオリックス・ブルーウエーブの合併問題に端を発した2004年問題では，一部のオーナーの発言や選手会のストライキの実施など，プロ野球のガバナンスの問題が露呈されることとなった。さらには，プロ野球組織のガバナンスを分担するプロ野球選手会でも，労働組合としての選手の肖像権などの権利を守る活動の他，メジャー・リーグとメジャー・リーグ選手会が主導するワールドベースボールクラシックにおける分配問題についても交渉を行っている等，様々なステイクホルダーがガバナンスに関与し，プロ野球の発展に貢献しようとする動きも存在していることを指摘しておく。

　球団経営については，Ｊリーグとプロ野球では，大きな違いが存在している。Ｊリーグが独立の企業体として黒字化を目指しているのに対し，プロ野球は親会社の宣伝媒体としての保有企業が赤字を宣伝費として補てんしているのが実

表7-3　プロ野球とＪリーグの主な相違点（2012年5月現在）

	プロ野球	Ｊリーグ
チーム数	セ・リーグ6，パ・リーグ6，　計12	Ｊ1　18，Ｊ2　22，計40（2012年5月現在）Ｊ1下位とＪ2上位，Ｊ2下位とJFL上位による入替戦がある
活動地域	フランチャイズ制＝排他的興行権　企業名を明示したチームが多く，これに都市名を加える事例が増加（特にパリーグ）	ホームタウン制，活動エリア指定　チーム名には，企業名をはずし必ず都市名を入れる
球団への企業支援の形態など	企業の宣伝媒体としてチームを保有し，企業の一部門として野球興行を行う　実質的な黒字は，巨人・阪神のみといわれ，保有企業が赤字を宣伝費として補てん	独立企業体（Ｊリーグ発足時は，日本リーグから移行の企業チームが多い）　複数企業によるユニフォームなどへの企業名の掲載などによる広告料収入
新人選手	ドラフト制度による安価な調達　したがって，各チームは育成部門を持たず	育成およびスカウト
契約関係	保留制度あり（球団の承諾なしに移籍できず）　フリーエージェント制度あり	保留制度なし　フリーエージェント制なし

出所：八木・松野［2011：223］を修正．

情で，実質的な黒字は巨人・阪神のみと言われている．さらに新人選手について，プロ野球がドラフト制度により新人選手を獲得するのに対し，Ｊリーグは各チームとも育成部門を保有することが義務付けられている．また，移籍については，プロ野球では，保留制度により球団の了解なしに移籍ができず，一定年限の経過後発生するフリーエージェント権によって自由移籍が可能となるのに対し，Ｊリーグにおいて移籍は原則自由とされている．

　以上概括したように，Ｊリーグはプロ野球組織の抱える課題を反面教師として発足しており，これがその後のパ・リーグ改革の引き金となったことが指摘できる．次の項ではＪリーグのガバナンスと，プロ野球のガバナンスについて具体的に比較検討を行う．

（2）Ｊリーグのガバナンス

　佐野［2007：48-65］は，Ｊリーグは単なる新しいプロスポーツリーグの誕生ではなく，ホームタウン，百年構想，サポーター，下部組織など，これまでスポーツの世界にはなかった新しい概念を導入したパッケージ型のイノベーションと評価している．そして，広瀬［2004：11-13］は，日本チームを東京オリンピックでベスト8に導いたデットマール・クラマーの提言により東京オリンピックの翌年1965年日本サッカーリーグが創設（JSL）され，「日本サッカーの競技力の向上」という価値観のもと，「ナレッジの形成と蓄積」「人材の育成」「情報ネットワーク」などイノベーションの芽ともいうべきDNAのようなものが形成されたと指摘している．設立に際しては，ドイツの地域に密着したスポーツクラブやアメリカンフットボール（NFL）や，メジャーリーグ（MLB）などのプロスポーツビジネスについての研究により，目指すべき方向性を明らかにされ，そこから具体的なイメージも形成されるなど周到な準備がなされたという．さらに重要なのは，企業の宣伝媒体としての色彩の強い日本のプロ野球の問題点を研究し，反面教師としたことである．

　Ｊリーグ規約の第1条には，「日本のサッカーの水準の向上およびサッカーの普及を図ることにより，豊かなスポーツ文化の振興および国民の健全な発達に関与するとともに，国際社会における交流および親善に貢献することを目的とする」として設立主旨が宣言されている．この中で留意すべきは，「スポー

表7-4 2010年Jクラブ経営情報開示概要

	J1平均	J2平均
1クラブ当たりの平均営業収入	30億3000万円（前年比▲8％）	9億2600万円（前年比＋4％）
広告料収入（1クラブ当たり）	13億5400万円（ 同 ▲9％）	4億5500万円（ 同 ＋23％）
入場料収入（1クラブ当たり）	6億8200万円（ 同 ▲2％）	1億6800万円（ 同 ▲2％）
Jリーグ配分金（1クラブ当たり）	2億9000万円（ 同 ＋2％）	1億 700万円（ 同 ▲4％）

出所：JリーグHP（http://www.j-league.or.jp/aboutj/document/jclub/management.html, 2012年7月19日閲覧）を表に整理．クラブ別情報はhttp://www.j-league.or.jp/aboutj/document/jclub/2010-11/pdf/club2011.pdf（2012年7月19日閲覧）を参照．

ツ文化」の文言である．あえてサッカーの文言を使用せずスポーツが文化であるとのスポーツの側からの主張がなされ，社会に新鮮に受け入れられたものと思われる．その意味でJリーグは，単なるスポーツにおけるイノベーションにとどまらず日本人のスポーツ観に大きな変容を迫るとともに，日本の社会に大きなインパクトを与えることとなった．Jリーグは1993年の流行語大賞を受賞したが，このことは以上のような試みが一般市民にも受け入れられ評価されたことを意味すると解釈できる．また，会長や理事長という既存の組織の役職を用いず，チェアマンという名称を使用するなど，様々なところに新しい工夫がなされている．このような情的な価値観の形成までもが配慮していることは，発足にあたり緻密な戦略が用意されていたことを窺わせる．

さらにJリーグのガバナンスの特徴の1つは情報公開に求められる．代表的なものは，2005年よりJリーグ加盟の各チームの財務状況をホームページの中で公開していることである．さらにコンサドーレ札幌，ベガルタ仙台，浦和レッズなどのように，決算書類をHP上にて公開している事例もある．

これらに加えJリーグにおいては，毎年観戦者調査を実施しその結果を公表していることも大きな特徴である．このようなことから，日本のスポーツ組織の中では一番ガバナンス体制が整っている組織と評価することができる．

（3）プロ野球のガバナンス

2004年夏近鉄バファローズとオリックス・ブルーウエーブの2球団による合併計画が報道された．この報道に端を発したかのように，その後他のチームの

合併や1リーグ制への移行などプロ野球界再編の動きが活発化した．この議論を主導したのは球団オーナーにより構成されるプロ野球の最高意思決定機関であるオーナー会議であった．これらの一連の動きに対し異を唱えたのは，当該チームのファンにとどまらず日本プロ野球選手会であり，抗議のために史上初のストライキが決行された．その再編騒動においては，プロ野球が社会の「文化的公共財」であるという側面が強調され，その主張が支持を受け，最終的にオーナー側が描いていた1リーグ制への移行が阻止され，2リーグ12球団制の維持につながった．2008年までの日本プロフェッショナル野球協約の第3条（1）には，「わが国の野球を不朽の国技にし，野球が社会の文化的公共財となるよう努めることによって，野球の権威および技術に対する国民の信頼を確保する」と協約の目的が定められている．これを根拠に，一方的な1リーグ化推進は「文化的公共財」であるプロ野球を，オーナーを中心とする経営者らが私物化しているという声が高まったのである．

このようにいくつかの問題があったものの，プロ野球でも問題意識を持った経営改革が進められている．特にパ・リーグにおける取り組みには評価すべき点が多い．例えば，パシフィックリーグマーケティングを6チーム共同で設立し，① 共同権利の協賛・ライセンスサービス，② パ・リーグ6球団公式ホームページの企画・運用・管理などのITサービス，③ 共同企画チケットの企画・販売・実施管理などのマーケティングサービスを行っている事例は，特筆に値する．先にも述べたとおり，パ・リーグに所属するチームの危機感と，各球団の所在地が北海道から九州まで各地区に分散しておりマーケットが重複していないことが成功の要因と考えられる．

さらに，統括団体としての日本プロ野球機構（NPB）は存在するものの，コミッショナーがプロ野球全体を統括する権限を有しておらず，オーナー会議が最高意思決定機関であることから，その決定は必ずしもプロ野球全体の価値の維持・向上につながっていないことが指摘できる．例えば，TBSが180億円で取得したチームを60億円でDeNAに売却したが，このようなことがメジャー・リーグ・ベースボール（MLB）で許されるか否かは疑問である．なぜならMLBはリーグ全体の価値を下げる行為を認めておらず，実際に，2002年のモントリオール・エキスポスの経営危機では，MLBが1億2000万ドルにて経営権を保

有し，2005年にワシントン・ナショナルズとしてフランチャイズを移転するという決定を行っている．移転後は観客動員が増加し新球場の建設も決まったことから球団価値が向上し，MLBは地元の企業グループに4億5000万ドルにて売却したという．プロ野球オーナー会議が，横浜の価値が120億円減損するのを容認したのに対し，MLBは3億3000万ドルの価値の向上を果たしたこととなる．

さらに，プロ野球組織とJリーグの大きな差は，プロであるJリーグがサッカー協会の中に組み入れられていることである．これに対し野球の組織は，全日本アマチュア野球連盟の傘下に学生野球協会（日本高等学校野球連盟と全日本大学野球連盟により構成）と日本野球連盟（都道府県野球連盟，社会人野球チーム，リトルリーグやボーイズリーグの少年野球により構成）があり，日本野球機構（NPB），全日本軟式野球連盟と縦型の組織となっている．全日本野球会議が形式的に統括しているものの，サッカーのようなピラミッド型の組織とはなっておらず，これがガバナンスの不透明さの一因となっていると推測される．

3．スポーツの本質を生かした産業

（1）スポーツとは何か

スポーツの語源は，ラテン語のdeportareであるとされている．de（away）とportare（carry）の2語からなり，あるものを他の場所へ移すという意味から転じ，人の内面の状態の変化を表す「気晴らし，楽しみ」という意味になったというのである．つまり，人々は気晴らしや楽しみのためにスポーツを行うのである．従って，スポーツとは単に体を動かすという表面的な理解にとどまらず，人の内面の動きまでを含めたものと解釈すべきであろう．

多木［1995］は，近代スポーツの1つの特徴は，身体の闘争であるにもかかわらず，そこから暴力的な要素を除き，身体の振る舞いに対してある規則を課したことにあるとしている．闘争ではあるが，相手を傷つけ死に至らしめてはならないのである．スポーツが単に競技における勝敗を求めるものではなく，人間社会のあり方を求め，そのための社会規範の形成と人間性の鍛錬を目的としていることがスポーツの本質であると言えよう．

表7-5 代表的なスポーツの定義

Gillet [1949]	遊び,闘争,はげしい肉体運動
Caillois [1967]	アゴン(競争)の社会化された形態 規則のある競争
Elias and Dunning [1986]	非暴力の競争
スポーツ基本法	個人又は集団で行われる運動競技その他身体活動
国際スポーツ体育競技会 (ICSPE)	遊戯の性格をもち,自己や他人との競争,あるいは自然的な要素との対決を含むすべての身体活動
最新スポーツ科学事典 [2006]	① ルールに基づいて身体的能力を競い合う遊びの組織化,制度化されたものの総称 ② 健康の保持増進や爽快感などを求めて行われる身体活動 ③ 知的な戦略能力を競い合う遊び

出所:筆者作成.

　禅宗の老師が「座禅の極意はリリース (release) である」と語っていた."release"とは解放という意味であり"carry away"に通じるものがある.そして,チクセントミハイの「フロー体験」にも通ずる.さらに老師は,自分自身を「禅アスリート」と称していたが,禅とスポーツ,renaissance を経てきた文化芸術は,人間解放・人間復興という意味では相通ずるものがあると考えられる.

(2) スポーツの社会・文化的価値

　スポーツの社会的価値については文部科学省の『スポーツ振興基本計画』[2000:1-2] にまとめられている.スポーツは,人生をより豊かにし,充実したものとするとともに,人間の身体的・精神的な欲求にこたえる世界共通の人類の文化の1つである.心身の両面に影響を与える文化としてのスポーツは,明るく豊かで活力に満ちた社会の形成や個々人の心身の健全な発達に必要不可欠なものであり,人々が生涯にわたってスポーツに親しむことは,極めて大きな意義を有している.このようなスポーツの意義を表7-6により説明している.

　さらに,スポーツへの関わり方について「する」「見る」「支える」という点

表7-6 スポーツの社会的意義

青少年の心身の健全な発達を促す	スポーツは，青少年の心身の健全な発達を促す．特に自己責任，克己心やフェアプレイの精神を培う．また，仲間や指導者との交流を通じ，青少年のコミュニケーション能力を育成し，豊かな心と他人に対する思いやりを育む．さらに，様々な要因による子どもたちの精神的なストレスの解消になり，多様な価値観を認めあう機会を与えるなど，青少年の健全育成に資する．
住民相互の新たな連携を促進	スポーツを通じ住民が交流を深め，住民相互の新たな連携を促進し，住民が1つの目標に向かい共に努力し達成感を味わうことや地域に誇りと愛着を感じ，地域の一体感や活力が醸成され，人間関係の希薄化などの問題を抱えている地域社会の再生にもつながり，地域における連帯感の醸成に資する．
スポーツ産業の広がりと雇用創出	スポーツ振興は，スポーツ産業の広がりと雇用創出等の経済的効果を生み，わが国の経済の発展に寄与し，国民の心身両面にわたる健康の保持増進に大きく貢献し，医療費の節減の効果等が期待されるなど，国民経済に寄与する．
国際的な友好と親善	スポーツは世界共通の文化で，言語や生活習慣の違いを超え，同一のルールの下で互いに競うことにより，世界の人々との相互の理解や認識を一層深めることができ，国際的な友好と親善に資する．

出所：文部科学省編『スポーツ振興基本計画』［2000：1-2］を表に整理．

から言及している．「するスポーツ」については自らスポーツを行うことにより心身ともに健康で活力ある生活を形成するよう努めることが期待される．「見るスポーツ」は，スポーツの振興だけでなく，国民生活の質的向上やゆとりある生活の観点からも有意義であり，「支えるスポーツ」は，ボランティアとしてスポーツの振興に積極的にかかわりながら，自己開発，自己実現をもたらすとしている．このようなスポーツへの多様なかかわりを通じ，生涯にわたる豊かなスポーツライフを実現していくとしている．

（3）スポーツ産業に望まれるもの

スポーツ産業の特徴は，スポーツ用品産業を除き形のないものを提供していること，サービスの提供者と受け手が協働し価値を創出することからホスピタリティ産業であることは前述のとおりである．このホスピタリティ産業を支えているのが，組織における価値観の共有とパラダイムの共有，そしてビジョン

の共有である．

　人々は何に価値観を置くのかと問うた時には，組織に固有の価値観が生成する源泉であるところの経営理念や組織のミッションに着目する場合が多い．なぜなら理念やミッションを共有することによりモチベーションが高まり，コミュニケーションが促進され意思決定の円滑化が期待されるからである．

　パラダイムとはものの見方や捉え方のことであるが，人々が持つ世界観，企業観，人間観と関わり，認識と思考のルールに関係しているという．さらにパラダイムと価値観は相互に補完し強化しあっているという．組織固有のパラダイムは，モノと技術の影響，市場の影響，経営やシステムの影響等に関する具体的な経験により生成される．組織の中でパラダイムが共有されるとコミュニケーションが円滑化し，自信や信頼感が増すとともに学習活動が促進されることとなる．行動規範とは，価値観とパラダイムの具体的な表現であり，様々な状況での暗黙の行動の指針となり，これがあることにより，どのように行動すべきかついての自発的な調整が可能となり，意思決定が迅速化する．

　ホスピタリティ産業においてはサービスという無形の商品を取り扱うため，顧客第一主義が重視され，顧客との良好な関係を構築することにより，サービス価値を高めることになる．従って顧客満足を高めるための体制づくり＝人づくりが重要となる．ホスピタリティ産業においては，顧客の要望に対し組織の価値観，パラダイム，ビジョンに従って迅速に対応することが重要であり，顧客第一主義にも適うものであると考えられる．

　スポーツは公共性が高く，社会への影響力が強いことはこれまで述べてきたとおりである．従って，公共性の高いスポーツをビジネスの対象とすることは，一般の企業以上に社会的責任を負うことになり，ビジネスに直接かかわる企業はもちろん，スポーツ組織や団体に対しても同様の規律や倫理性，監視体制が必要となると考えられる．

　これまでの議論をまとめると，スポーツ産業とは，スポーツの持つ文化性とビジネスとしての収益性の両方を実現させる産業であり，これをビジネスとして効率的に実現するための手法がマーケティングであり，文化性や社会的意義・公共性を担保するのがガバナンスであると言えるのではないだろうか．

注

1) *Oxford Dictionary of English*, Second Edition, Oxford: Oxford University Press, 2005.
2)『日本経済新聞』2012年1月7日朝刊．
3) 2012年ロンドンオリンピック大会アジア大陸予選会の男子軽量級ダブルスカル（LM2X）日本代表クルーの内定（2011年11月24日内定，2011年11月29日発表）ほか1件の仲裁申したてがあった．

第Ⅲ部　スポーツの学際的解明

　スポーツは合理性だけでなく，心理的要素が与える影響が大きく，場合によっては決定的な役割を果たす場合もある．1990年代以降，このような心理的要因の重要性は，スポーツのみならず，経済行動でも注目されるようになってきた．合理的個人を想定して導かれた最適行動と実際に観察される経済行動との間に大きな違いが存在していることを無視するのではなく，例外的と考えられてきた個人の行動（アノマリー）を心理的特性まで含めて説明する研究が進められたのである．スポーツ経済学と関連の深い，行動経済学におけるアノマリーの例としては，「勝者の呪い」，「非合理的賃金格差」，「恐怖心と心理的意志決定バイアス」等がある．第Ⅲ部では，行動経済学の知見を援用しながら，スポーツ組織における人々の行動をより本質的に理解することを試みる．

　また，様々な心理的バイアスを逆手に取り，望ましい行動を引き出す仕掛けを「ナッジ（nudge）」と呼んでいる．このナッジを探し出すことにより，より高いチーム力と高いパフォーマンスを引き出すことが可能となる．第Ⅲ部では，スポーツにおけるナッジがどのように形成されているかを具体的な例で探っていく．

　スポーツのグローバル化が進展している現在，スポーツ組織を本質的に理解していくためには，グローバリズムに関する学際的視点を分析に取り込むことも重要となる．グローバルな競争がもたらす問題点と課題を明らかにしていく．

第 8 章

スポーツと行動経済学
——スポーツ組織における非合理的行動（アノマリー）の説明——

1. 行動経済学とは

　これまで経済学は，合理的個人の行動を想定して議論をしてきた．例えば，ミクロ経済学において消費者の行動を描写する場合でも，予算制約の中で自分の満足（効用）を最大化するように財の消費配分を決めるというモデルを考える．このモデルの前提には，「人びとは常に目的を持って行動し，目的の達成と整合的な行動を取る」という合理性を想定している．経済学では合理性を前提にした理論を積み重ねることにより，数理モデルを用いた精緻で体系化された学問を築き上げてきた．このことにより，経済主体の行動と市場での動きとの関係といったような，直感では理解できないメカニズムを解き明かすことに成功し，現実の経済社会の理解をより深いものにすることが可能となってきている．しかしながら，精緻な経済モデルによって予測される動きが，実証分析によって支持されない例が数多く存在していることも事実となっている．もちろん，実際のデータには誤差が存在しているため，確率的にデータが理論から外れていることは想像できる．しかしながら，理論からのデータの逸脱および例外事象（アノマリー）が系統的に起きる場合には，その理由を説明する必要が生じることとなる．合理的最適行動から何故実際の行動が逸脱するのかを，心理的要因を明示的に含みながら説明しようとする学問が行動経済学であると言えよう．

　経済合理性に限界がある理由はいくつか存在している．1つには限定合理性である．例えば，消費理論の1つにライフサイクル仮説があるが，この仮説で

は，消費者は生涯に亘る所得を知っており，生涯所得の制約の下で，生涯全体に亘る満足（効用）を最大化するように最適な消費計画を立てると考える．しかしながら，30年とか40年にわたる生涯の満足（効用）を一生で稼ぐ所得の制約条件のもとで計算することを普通の消費者ができると考えることには無理があると考えられる．むしろ，人間が合理的に計算できる範囲は限定的であると考えられ，「限定合理性」の下での最適化が行われていると考えられる．

　次に「自己抑制」も最適解からの逸脱をもたらすものである．経済学者は理論の中では極めてストイックな経済人を考えているが，人間はそれほどストイックではない．借金しても，消費抑制が効かない場合も多い．また，人々は近視眼的で，望ましくないと分かっていても我慢できない場合がある．例えば，ダイエット中の者が，目の前にケーキがあれば，我慢することができず，衝動的に食べてしまうことも，近視眼的行動から生じていると考えられる．このような近視眼的行動は，近い将来を遠い将来よりも大きく割り引く双曲割引によってもたらされている．行動経済学は，双曲割引の強い個人がもたらす，非合理的行動についても，数多くの知見を与えている．

　自己抑制が効くストイックな人間を前提とした議論は，実際には有効で無い場合が多いと考えられ，むしろ自己抑制がない人間を前提に，そのような人をも望ましい行動に誘導するような仕組みを考える方が良いと考えられる．貯蓄行動に関して言えば「貯蓄プランへの自動加入」と「SMarT (Save More Tomorrow) プログラム」がその例となる[1]．アメリカでは，確定拠出型年金プランにおいて，従業員が加入資格を得ると，加入拒否を明示する書類提出をしない限り，プランに加入する通知を受け取るという仕組みによって，プランへの加入率が大幅に上昇したと言われている．更に SMarT プログラムでは，賃上げがあるごとにあらかじめ決定された拠出率の引き上げを約束することにより，年金プランへの低い拠出率を引き上げることに成功している．このような，個人の行動を望ましい方向に誘導する仕組みを行動経済学では「ナッジ (Nudge)」と呼ぶ．

　本章および次章においては，この行動経済学のフレームワークを用いながら，スポーツ組織における最適行動からの逸脱，すなわち非合理的行動（例外事象：アノマリー）が生じるメカニズムを解明し，合理的行動に誘導するナッジ

について考察していく．

2．「勝者の呪い」

　スポーツ経済学という言葉を耳にした時に，経済学を学んだ経験がある者ほど，スポーツと経済という言葉の連なりに，何らかの違和感を覚える人は多いであろう．経済学は，基本的に合理的に行動する経済人の行動を分析し，そのような行動の結果として市場でどのようなことが起きるのかを明らかにする学問である．ところが，スポーツは合理性だけでなく，心理的要素が与える影響が大きく，場合によっては決定的な役割を果たす場合もある．個人競技でも，対戦する相手との心理的駆け引きが重要な場合もしばしば存在しており，ましてや団体競技であればチーム組織力を高めるための心理面でのコントロールのあり方が問われることとなる．

　1990年代以降，このような心理的要因の重要性は，スポーツのみならず，経済行動でも注目されるようになってきた．合理的個人を想定して導かれた最適行動と実際に観察される経済行動との間に大きな違いが存在していることを無視するのではなく，例外的と考えられてきた個人の行動（アノマリー）を心理的特性まで含めて説明する研究が進められたのである．スポーツ経済学と関連の深い，行動経済学におけるアノマリーの例としては，「勝者の呪い」，「恩に着る」，「群れとなって行動」，「非合理的賃金格差」，「恐怖心と心理的意志決定バイアス」等がある．

　例えば，「勝者の呪い」は，オークション市場での価格が最適価格よりも高くなる傾向があり，それによって競りに勝った勝者が，高すぎる購入価格によって経営が行き詰まる例をさす．プロのスポーツチームがスター選手を獲得するために巨額の支出を行ったために，他の選手への報酬が減少しチーム力が低下するといった例はしばしば観察される．このような結果は合理的な意志決定の下では容易に予見でき，合理的な意志決定では最適価格以上に競り値が上がった時点で，競りから撤退することとなる．それにも関わらず，競りにおいてなぜ最適価格以上の価格を支払うのかは合理的行動からは説明が困難である．

　アノマリーを説明する手がかりは，「限定合理性」，「自己抑制」，「フレーミ

ング」,「保有効果」といったキーワードにある.まず,限定合理性について説明する.合理的に最適解を計算するためには,将来に関する情報が完全に分かっていることと,最適解を計算できることが必要となる.当然のことながら,誰も将来に関する情報を完全には有しておらず,あくまでも将来発生する事象については確率的にしか予測できない.しかしながら,合理的には過去の経験等の様々な情報から確率分布を思い描くことは可能であり,市場参加者が同様な確率分布を持っているのであれば,市場で実現される結果は,平均的には合理的な最適解に近いことが予想される.限定合理性とは,確率分布を正確に形成することができないほど情報が不十分である場合とか,最適解を計算する問題が複雑すぎて,正確に最適解が計算されない場合に妥当すると考えられる.

　限定合理性が存在するからといって,オークション市場でスター選手の価格が最適水準を超えて落札される傾向が存在することを説明できない.なぜなら,限定合理性は落札価格と最適価格との差がランダムに散らばることを予見するのみで,最適価格よりも高くなる傾向があることを予見しないからである.さらに,オークションへの参加者が増えるにつれて,落札価格が上昇するとも言われており,限定合理性のみではこの点の説明もできない［Thaler 1992: 邦訳 Ch. 5］.

　自己抑制は,双曲割引と関連している.双曲割引とは,遠い将来よりも近い将来で割引率が高くなり,より近視眼的に行動することを指す.人々が後悔するのは,このような双曲割引が原因である場合が多い.しばしば例として挙げられるのが,「ダイエットに励みながらも,目の前にあるケーキの誘惑に負ける」とか,「夏休みに遊び過ぎて,夏休みが終わる前日に夏休みの宿題を徹夜で片付ける」といった例である.消費者ローンを用いた衝動買いも,双曲割引によって引き起こされる例である.合理的経済人には,原則として「後悔」という概念が存在していない.生涯所得の制約の下で生涯効用を最大化する個人にとって,消費は常に最適にコントロールされており,消費者ローンによる自己破産に陥り,地獄の苦しみを味わい後悔するといった事態は存在しないのである.オークションに参加しているスポーツチームの代表が,消費者ローンによる衝動買いを行う消費者と同じような心理状態に陥るのであれば,スター選手をほしいと思う一心で,最適価格から外れた非合理的な競り値を提示して,

落札するということが起き得るのである.

　フレーミングとは,同じ事を言っていても,言い方とか状況によって,受け止める側が全く異なった受け止め方をすることを指す.手術を受けるか否かの意志を確認する時に,「この手術の成功確率は80％です」と説明される場合と,「この手術の失敗確率は20％です」と説明する場合では,患者が手術を承諾する確率は異なると予想される.失敗確率を伝えられた場合には,失敗することが脳裏に印象付けられ,恐怖心が生まれ,手術を拒否することになる.オークション市場では,スター選手を欲しいと考える人々が競い合うため,スター選手の評価は競りが繰り返される度に高まることになる.スター選手を評価するフレームが,競りの進行と共に変化していると考えても良いであろう.スター選手の負の評価部分が脳裏から薄れ,正の評価部分が脳裏を支配し始めると考えられる.このため,フレーミング効果によって,落札された競り値は,最適価格よりも高くなると考えられる.

　保有効果は,一旦手に入れたものは手放したくないという心理的特性によって引き起こされる.特に,一旦手に入れたものに愛着が生まれれば,例え高い値で売ってくれという者が現れても,愛着のあるものを売る際には強い心理的抵抗感が生じることとなる.オークションは,競い合って欲しいものを手に入れる仕組みであり,競い合いの中で欲しいと思う心理が増幅されて行く可能性が存在している.例えば,あるスター選手に2億円の競り値を提示したところ,しばらくこの競り値を上回る提示がなかったとする.この間に,スター選手を獲得できたのではないかという思いが生まれたとする.しかし,一旦獲得できたという思いが生まれると,その後により高い競り値を提示するものが現れても,それを譲ることが心理的に耐えられなくなる.そのため,競り値がつり上がっていくこととなるのである.

　このようなオークション市場で観察される行動は,「勝者の呪い」と呼ばれるように,結果として損失をもたらす場合が多い.しかも,このような損失が,市場に参加している大多数の者が系統的に同じ錯覚に捉われることによって生じる点に注意すべきであろう.それが故に,オークション市場に参加する者は,事前に合理的に計算した最適価格を超えた場合には,競りから撤退することを決断する必要があると言えよう.

本節では，オークション市場における「勝者の呪い」を例に，行動経済学の概念を説明した．次節以降では，これらの行動経済学の概念の概念を用いながら，スポーツ組織におけるアノマリーを解明していく．

3. 北京オリンピックで勝てなかった米国4×100mリレーチーム

北京オリンピック4×100mリレー競技において，日本チームが銅メダルに輝いた一方で，強豪と目されていた米国チームは予選においてバトンミスを犯し，無残な敗退をした．スポーツにおいては，このような番狂わせが起きることは必ずしも珍しくない．珍しくないが故に，番狂わせが起きることにある系統的な失敗のパターンが存在する可能性を有しているとも言えよう．成功の事例から普遍的かつ一般的な要因を探すことは容易ではないと言われているが，失敗の事例からはある種の一般性を見いだすことが可能と考えられている．最適戦略が分かっていながら，最適戦略から逸脱する理由が系統的に存在している場合には，その系統的理由を探すことは，成功のために重要なことと言えよう．

北京オリンピック男子4×100mリレーの米国チームは，ダービス・パットンからアンカーであるタイソン・ゲイへのバトンミスによって予選を途中棄権するという結果に終わっている．リレーの最適戦略の定石として，予選ではバトンミスをしないように，受け手側のステップ幅を縮める等の方法を採ることが一般的である．そして，決勝ではバトンミスをする確率が高くなっても，タイムを短縮させるためにステップ幅を広くする戦略を採る．試合後，タイソン・ゲイとダービス・パットンは，それぞれが自らの失敗であることを告白している．このオリンピックでは，女子400mリレーでも米国チームは決勝でトリー・エドワードからアンカーのローリン・ウィリアムスへのバトンミスを犯し，敗退している．男子と女子との違いは，男子の場合にはバトンミスの時点で途中棄権しているのに対し，女子はウィリアムスが落ちているバトンを拾い最後まで完走したことである．しかし，いずれにしても米国が4×100mリレーで無残に敗退したことだけは同じである．

第 8 章　スポーツと行動経済学　　109

　Pat Forde［2008a；2008b］によると，この男女リレー競技では信じがたいことが起きていた．米国チームのゼッケンが USA とマーカーで手書きされていたのである（実際，この記事に掲載されていた写真には，男女とも手書きのゼッケンが写されている）．このことが，単にその日に起きた最悪の結末を暗示していたのか，スポーツ組織における何らかの問題が顕在化していたのかは必ずしも明確ではない．しかし，組織としての問題の可能性を探ることには何らかの意味があると考えられる．Ungrady［2008］においてウィリアムスの回想が次のように紹介されている．

> "Something was just off. From team members not being able to attend the opening ceremonies to not having real bib numbers, the disorganization when it came to the little things, the energy wasn't correct. Those who made the team for the first time should have been able to go to the opening ceremonies. In general it is the attitude of team members that once they have been on an [Olympic] team they don't really want to stand in opening ceremonies."

彼女の回想から，公式ゼッケンが用意されていなかったことが，競技において心理的に負に働いたことは想像に難くない．
　なぜ，公式のゼッケンが用意されていなかったのかについては，いくつかの可能性が考えられる．ウィリアムスは，説明も無くマジックマーカーを使った手書きのゼッケンを渡されたと述べている．現在でも，このことはミステリーとされている．しかし，Battaglia［2009］によると，北京での失敗の原因を追及するために設置された全米陸上連盟（USATF）のタスクフォースは，チームにおけるリーダーシップが欠如していたことを指摘している．誰もチーム全体を把握してコントロールする意図を持っていなかったのである．タスクフォースが，北京オリンピックチームの練習に携わったコーチ12名程に聞き取り調査を行ったところ，どのコーチも誰がどのような理由でどのような意志決定を行ったかを知っていなかったことが明らかになったのである．さらに，リレーに出場する4人のメンバーは，順序も含めて6名のメンバープールから試合の48時間前に決定される．選手たちは，直前まで自分が本当に試合に出場できる

のか分からないまま，調整を行うことになる．このような状況では，選手同士の信頼関係を形成することは困難と言える．

　タスクフォースのメンバーであるカール・ルイスは，コーチングの透明性がリレー競技における勝利の必須条件であると述べている．ルイスは，コーチが金銭的な利害関係を考慮しながら，コーチングをした時には，結果は常に最悪となっていると述べている．1988年と1996年はその例であり，1988年にはゾーン内でのバトン受け渡しに失敗し，1996年にはリロイ・バレルが怪我を負い敗退している．北京オリンピックでは，コーチングにおける説明責任が全く果たされていなかったのである．ゼッケンが用意されていなかったことは，このことと強く結びついていると言って良いであろう．

　コーチングの透明性が，選手の心理状態に与える影響と組織機能に与える影響が極めて大きいことがタスクフォースの調査で明らかにされている．しかし，このことの詳細なメカニズムについては，タスクフォースでも解明することができなかった．個々の選手の能力と経験からすれば，バトンを落とすことはあり得ず，選手たち自身何が起きたのか全く理解できなかったのである．男子にしても，女子にしても，「気がついたらバトンが地面に落ちていた」と証言されており，「あたかもバトンがある意志を持って，勝手に手からすり抜けたようにしか思われなかった」という証言もある．選手たちは何故バトンを落としたか説明できないだけでなく，理解できなかったのである．また，アンカーの経験が皆無に近いゲイをアンカーにしたことの合理性はどこにも無かったことがタスクフォースで確認されている．そして，男子のゼッケン問題が発覚した時に，誰も女子のメンバーに連絡をしなかったことも，組織をコントロールする人間が全く不在であったことの象徴であった．走り書きされた女子のゼッケンのUSAの文字は，組織の姿を反映していたのである．

　この問題で最も重要な点は，トップアスリートまでもが目に見えない形で受けた心理的影響によって，最高のパフォーマンスを発揮できないことである．そして，この心理的影響が組織内でリパーカッションを引き起こし，組織効率性を大きく下げてしまうことである．そして，心理的影響のメカニズムが余りにも複雑であり，かつ繊細であるが故に，当事者までもがその影響を認識できないことにある．

4. なぜ巨人のバッティングピッチャーの報酬は，他の球団よりも高いのか

　Thaler [1992：Ch. 4] では，大企業で働く労働者の賃金が相対的に高いことを経済合理性から説明することには限界があることを議論している．もちろん，高い能力を必要とする労働者の賃金が高いこと自体は，高い能力の労働者が希少性を有していることから当然であると考えられるが，希少性が低い未熟練労働者の賃金水準までが大企業において相対的に高くなっている点に疑問を呈しているのである．

　同様な問題が，スポーツ組織でも観察される．その1つが，バッティングピッチャーの賃金格差である．プロ野球関係者からの情報によると，巨人軍のバッティングピッチャーの賃金水準は，他球団に比べて高くなっていると言われている．1軍で活躍するピッチャーは，希少性が高く，高い能力を持ったピッチャーを得るために，資金力のある球団が高い賃金を提示することは当然であると考えられるが，相対的に希少性が少ないバッティングピッチャーに高い賃金をなぜ支払うのかは，それほど自明なこととは考えられない．

　この問題は，労働者が何によって高い労働意欲を持つのかという問題と結びついている．そして，労働者の労働意欲を高めるために，組織がどのような制度設計をすべきかを考えるためにも重要な問題であると言えよう．この問題に対する1つのヒントが，『ライフプランニングと幸福感に関するアンケート』[2]で示されている．アンケート調査では，「あなたと同期の同僚と比較して，年収にどれぐらいの格差がついていますか」という設問を設けている．

　まず，同僚同期との年収比率について，3765の有効標本数で平均が－0.061となっており，標準偏差は0.197となっている．さらに，図8-1で示されているように，「努力は報われる」と考えている程度と同期との年収比率との関係を見ると，努力は報われないと考える人ほど，平均値において年収比率は小さくなっている．さらに，表8-1で示されるように，仕事満足度に同僚同期との年収比が年収水準とほぼ同じ強さの影響力（同期との年収比の標準化係数が0.151であるのに対し，年収水準が0.188となっている）で，同僚同期との年収比が仕事満

足度にかなり強く影響していることが確認されている．

　この調査結果は，組織内における報酬のあり方に関して，重要な示唆を与えている．1つには，労働者の仕事満足感は報酬の水準だけでなく，同僚同期との給与格差に強く依存していることである．そのため，プロ野球球団の場合でも，1軍で活躍する選手の給与が高い場合に，バッティングピッチャーの給与水準を市場賃金率よりも高くしないと，仕事満足度が下がり，やる気が低下する危険性を示唆している．別の言い方をすれば，裏方の人々と表で活躍する人々との報酬の差を大きくすることによる心理的軋轢がもたらす非効率性が生じることとなり，報酬差を小さくすることが望ましくなるのである．巨人のように1軍の選手の報酬が高い場合には，バッティングピッチャーの報酬を高くすることが全体効率性を高めるためには必要となるのである．[3]

　しかしながら，問題はこれほど単純であるとは考えられない．バッティングピッチャーの自尊心とチームへの貢献意識を醸成しなければ，相対的に高い報酬がチーム力の向上に有効に繋がるとは考えられず，この点に関する仕組みをどのようにすれば良いかを考える必要がある．一般的に，自尊心とチームへの貢献意識を高め，チーム力向上に繋げる方法として，報奨制度が挙げられる．報奨制度には，顕彰と報奨金があり，バッティングピッチャーのような裏方の人々にとっては，一般的に縁の薄い制度と考えられている．裏返して言えば，バッティングピッチャーが自尊心とチームへの貢献意識を持つことは，それほど簡単なことではないと言えよう．チームのバッターから強い信頼を得て，無くてはならない存在であることを感じることができれば，バッティングピッチャーの自尊心は維持され，チームへの貢献意識が醸成されることになる．そして，チームとしても，バッティングピッチャーのチームへの貢献を明示的に評価することが必要となるのである．この評価を明示化する方法として，バッティングピッチャーへの報奨金が考えられる．フロントがバッターによるバッティングピッチャーに対する評価を反映して，報酬に報奨金を上乗せするという方法を採ることにより，バッティングピッチャーの自尊心とチームへの貢献意識が醸成できると考えられ，その結果として高い賃金水準となっていく可能性が考えられる．

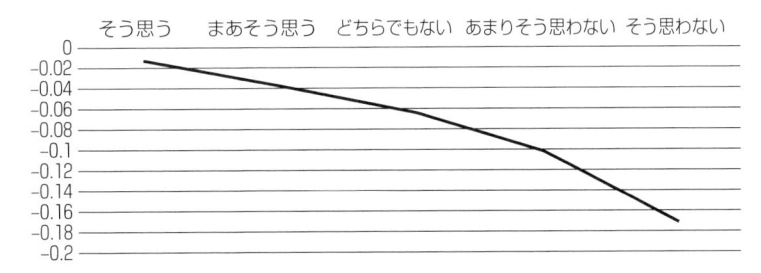

そう思う　まあそう思う　どちらでもない　あまりそう思わない　そう思わない

図 8-1　努力は報われると思う程度別の同期との年収比平均

出所：『ライフプランニングと幸福感に関するアンケート』より筆者が作成．

表 8-1　仕事満足度決定要因重回帰分析

係数a

モデル	標準化されていない係数 B	標準誤差	標準化係数 ベータ	t値	有意確率
1 （定数）	49.768	0.915		54.369	0.000
同期比格差	17.537	1.868	0.151	9.389	0.000
自身年収（百万円単位）	1.532	0.148	0.188	10.381	0.000
既婚ダミー	1.985	0.812	0.042	2.444	0.015
男性ダミー	-3.532	0.933	-0.067	-3.786	0.000

注：a．従属変数　仕事満足度．
出所：『ライフプランニングと幸福感に関するアンケート』より筆者が作成．

5．スポーツにおける恐怖の役割

　2000年に第10代 WBA 世界ミニマム級王者となり，2003年に 2 度目の WBA 世界ミニマム級王者となった星野敬太郎氏は，ボクシング界でも異色のボクサーとして知られている．現役ボクサー時代に，横浜市内のとんかつ店「美とん・さくらい」上大岡店の料理長を務めていたことも異色であることの 1 つであるが，現役引退と現役復帰を繰り返したことも異例であった．1 度目の引退後，2 年半のブランクを経て現役復帰し，プロ12戦目以降 5 連勝を飾り，日本ランキングを上昇させ，1996年には日本王座に挑戦すべく，日本ミニマム級王者の横山啓介に挑戦することになった．星野氏はこの日本王座戦に向けコン

ディションを整え，自信を蓄えていったが，この自信によって意外な落とし穴に嵌ることとなる．日本王座前哨戦として迎えた18戦目において，星野氏は「油断[4]」から格下と思われたフィリピン人選手にKO負けを喫したのである．

　このKO負けによって，星野氏はボクシングに対して，「死の恐怖」を強く感じるようになる．星野氏はこの恐怖を振り払うため，死にもの狂いに練習に没頭したという．職場のとんかつ屋では無駄口もなく，時間を惜しむように必死で働き，それ以外の時間をすべて練習につぎ込んだのである．それまでのボクシング人生でもなかった猛練習に星野氏を突き進ませたのは，「死の恐怖」だったという．

　スポーツにおける恐怖は，様々な形で現れる．モータースポーツであれば，死の恐怖を乗り越えて高速でコーナーに突っ込むことができなければ勝利はない．スキーのジャンプ競技であれば，恐怖を乗り越えて競技に集中できなければ大怪我をしてしまう．しかしながら，このような物理的に死と隣り合わせの競技において恐怖と戦う場合だけでなく，様々な恐怖がスポーツには存在している．例えば，プロ野球ペナントレースでの優勝がかかった試合で，1点差リードで迎えた9回裏に1死満塁のピンチを作ってしまったピッチャーの心理的状況を想像してみよう．この状況では，1ヒットで同点，ツーベースであれば逆転負けとなる．そうなれば，ファンの失望と怒りを生み，チームメイトの努力は水泡に帰することになる可能性がある．プレッシャーと恐怖で平常心を保てなくなり，体が動かなくなり，コントロールが定まらなくなる．責任感の強いピッチャーであればあるほど，心理的プレッシャーが高くなり，ボールコントロールができなくなる．そして，フォアボールの押し出しとなり，同点となるといった展開となる場合も多い．このような状況では，監督からピッチャー交代を告げられ，降板することとなると考えられる．

　このようなケースで，プロ野球のピッチャーはどのように心理的なコントロールをしているのであろうか．もちろんピッチャーによっては，このような修羅場を乗り越えることができなかったという事実がトラウマとなり，プロ野球を引退するものもあろう．また，このトラウマを吹き払うために，必死で練習をして成長していくものもいる．逆に，トラウマを乗り越えるために必死で練習したことにより，肩を潰して再起不能となる場合もあろう．ピッチャーの

性格によっても，強いプレッシャーがかかる状況における心理的コントロールの方法は異なると考えられるが，一般的には次のようなコントロール方法が候補となると考えられる．

① 深呼吸することで副交感神経を活性化させ，気持ちを落ち着かせる．
② 筋肉の緊張と緩和（脱力）を繰り返し，力を抜いた時の感じを体で覚える．
③ ネガティブな発想を捨て去り，よりポジティブな発想を持つ．相手との対戦成績が悪いといったことを考えないで，相手には弱点が多いと考える．
④ 結果を気にせず，その瞬間を楽しむことを考える．自分が最も重要な局面で，主役になっている事実を素直に喜び，ポジティブな興奮状態を自ら作り出す．
⑤ 悪い結果が出ても，自分の責任ではないと開き直る．1点差のリードしかできなかったチームメイトの責任が大であると考えるといったように，心理的にリラックスする方法を自ら見つける．
⑥ 自己暗示による，セルフコントロール．ボールに独り言を言う等の「セルフトーク」と呼ばれる方法は，自分にプラスの暗示をかけるセルフコントロールの一種である．
⑦ ゲームの途中にタイムをかけて，リズムを変えて自分のリズムを取り戻すきっかけを作る．

以上のような，土壇場でのメンタルコントロールとは別に，日常的に脳力を高め，メンタルな力を高めるメンタルマネジメントの方法がある．1つには，日常のトレーニングにおいて，失敗した状況を繰り返しイメージし直し，失敗を克服する方法を繰り返し模索しながら，成功のイメージを定着させる方法がある．さらには，不条理な扱いを繰り返し受けることにより，ストレス耐性を高める方法もある．先輩が後輩に行う「しごき」と呼ばれる特訓は，能力向上という目的からは非合理的である場合もあるが，ストレス耐性を高め，本番でのメンタルコントロール能力を高めている効果も考えられる．また，スランプに陥った時に，スランプから脱するためのパターンを自分で探していく作業

も，日常的なメンタルマネジメントの1つであろう．野村克也前楽天監督は，スランプに陥った時には，「緩いボールを，はやる気持ちを抑えてゆっくりと打つ」ことにより，焦りからがむしゃらに練習し逆に迷路に嵌るパターンから脱出したと言われている．

　恐怖がもたらす効果の重要性は，単にスポーツだけに限ったものでなく，一般の企業組織でも成立する．Cappelli, et al. [1997] の著書でも，リストラの恐怖心は労働者のモラルを低め，ストレスを増大させる一方で，企業が直面するリスクを労働者自身が真剣に考え，労働者が自らの能力とキャリアを高めるように働くことが報告されている．[5] スポーツ組織における課題としても，組織の仕組みの中で，選手のモチベーションを高め，メンタルなストレス耐性を高め，病的心理状態に陥ることを防ぐ方法を考えることがある．その1つの方法は，リスクを誰が受け止めるかを明確にすることであろう．サッカーワールドカップのようなプレッシャーの大きな重要な試合に出場する選手たちに，監督自らの口から，失敗は出場選手の決定からも含め，すべて監督の責任であることを告げることも1つの例となる．

　選手の処遇の公平性と透明性を高めることも，選手がネガティブな思考に囚われず，組織の効率性を低める摩擦を回避する上で重要となる．特にフロントと選手間をはじめとした組織内における摩擦は，合理的に考えれば常に両者によって回避されることが望ましく，怒りとか憎しみといった感情的要因が意志決定に影響を与える状況が生み出された場合には，組織の非効率性は大きく高まることとなる．このような摩擦は，双方のフラストレーションの蓄積が感情的軋轢を引き起こすことによって拡大し，合理的行動を妨げることから引き起こされる．従って，フラストレーションの原因を明確にし，フラストレーションが蓄積されない仕組み作りが組織には求められることとなる．

　選手が抱くフラストレーションには，フロントと自分自身から見た評価の違いがある．契約更改ではこの問題が常に生じることとなり，フラストレーションが組織の非効率化に繋がらないための仕組みが必要となると考えられる．仕組みの1つは，評価方法を明示化し，透明性を高めることであろう．スコアラーから提出されるデータに対して，フロントがどのような論理でウエイト付けをしているかを明確化すると共に，選手側の論理と突き合わせ，選手の考え方と

のズレを明確にすることが重要となる．選手はこの議論を通じて自らのプレーを再確認し，プレーに対する理解をより深化させることができる．さらに，チームへの帰属意識とチームプレーのあり方を理解することにより，組織効率性は高まると考えられる．

　この契約更改に関する微妙な問題は，高額の年俸が選手のモチベーションを本当に高めるかどうかである．選手のフラストレーションを抑えるためには，高い年俸を提示することが有効であることは，直感的には妥当する．しかし，高額年俸が高いパフォーマンスを必ずしも引き出してきているとは言えない．特に，複数年に亘る契約は，契約期間の後半で報酬がモチベーションを引き出しているとは言えない場合が多い．労働経済学の分野でも，高い報酬が高いパフォーマンスを引き出すという「誘因賃金(incentive pay)」の理論があるが，Kaufman [1999] でも指摘されているように実際には有効ではない場合が数多く存在する．

　基本的に，高いパフォーマンスは内的に生まれてくるモチベーションによって規定されており，外的に与えられるモチベーションは長期的な有効性を持っていないと考えられることである．さらに，人々は報酬に関して言えば，上昇率が重要であり，レベルの重要性は低い可能性がある．高い報酬を数年続けてもらい続けた場合には，その報酬を高いとは考えず，当然であると認識し始める可能性がある．この場合には，高い報酬はモチベーションを引き上げる効果を持たず，それによって高いパフォーマンスと結び付かなくなる．

　しかし，内的に生まれてくるモチベーションを常に得られるわけではない．人間はある意味では弱い部分を持ち，易きに流れる可能性もある．特に，双曲割引率が高い個人の場合には，近い将来を大きく割り引くため，怠惰という誘惑に負けてしまうことが多い．節制に心がけ，基礎トレーニングをしっかりと行う必要があると分かっていても，今日は休もうと考えてしまうことは，小中学生が夏休みの宿題を夏休み終わり間際に行うことと共通している．このような心理的傾向に対して歯止めをかけるのが「恐怖心」であろう．本節の冒頭に星野氏の猛練習が恐怖心から生まれたことを述べた．契約更改においても，年俸ダウンの可能性は，恐怖心に近いプレッシャーを与え，辛い練習に耐えることを可能にすると考えられる．

組織においては，内的なモチベーションを生み出させる仕組みと，怠惰に対するペナルティをバランス良く整える必要がある．最も理想的な状況は，チーム内のAランク（トップレベル）の選手が同じチームのAランクの選手から刺激を受けながら切磋琢磨し，最高レベルの技術，戦術そして理念を共有し，それをBランクの選手が目の当たりにし，一歩でも近づくためにAランクの選手からすべてを盗もうと努力している状況である．この状況では，到達目標をすべての選手が内的に定め，内的モチベーションを高めている．さらには，Aランクの選手も，別のAランクの選手の存在によって，自らの地位を安泰なものとは考えず，敗北の恐怖心から努力することとなる．Aランクの選手が必死で努力している場合には，Bランクの選手も必死で努力せざるを得ない．さもなければ，Bランクの選手の居場所は無くなることとなる．このような状態では，怠惰がチームに蔓延することは無くなる．

組織がAランクの選手同士を競わせるように仕向けるために行わねばならないことは，Aランクの選手を的確に評価することであろう．そして，Aランクの選手に哲学レベルまで含めた高い目標を与えるべく，知的なトレーニングを交えながら，技術と戦術を磨くことができるような場を提供していくことであろう．その意味では，様々な分野のAランクの人々と交流させることも必要であると考えられる．Aランクの選手が成長していくことは，競争というメカニズムを通じて，それ以外の選手に望ましい影響を与えていくと考えられる．この過程において，不正確な評価や不透明な理由によって実力以上に特定の選手を優遇することは，内的なモチベーションを阻害するため，避けなければならないこととなる．

注
1) Thaler and Sunstein ［2008］参照.
2) 科学研究費補助金基盤研究A（橘木俊詔代表 2007-2009年）「地域間格差生成の要因分析と格差縮小政策」（研究課題番号 19203012）を用いた調査で，2009年に実施されている.
3) Kaufman ［1999］においても，このような心理的要因に関して議論が行われている.
4) 2010年に同志社大学経済学部で行われた星野敬太郎氏よる講話に基づいている.
5) Cappelli, Bassi and Katz et al. ［1997］参照．原文では，"The new arrangements shift

many of the risks of business from the firm to the employees and make employees, rather than employers, responsible for developing their own skills and careers."となっている.

第9章

スポーツにおけるナッジ

1. ナッジとは

　第8章第1節で触れたように，人間の意志決定は必ずしも合理的なものではなく，様々な心理的なバイアスによって影響を受けることになる．「現状維持バイアス」もその1つであり，人々は惰性によって意志決定を行う傾向を持っている．また，前章の年金プログラムの例のように，デフォルト（初期値）を変えるだけで，人々の行動を大きく変えることが可能となる．このように，様々な心理的バイアスを逆手に取り，望ましい行動を引き出す仕掛けを「ナッジ（nudge）」と呼ぶことにする．より厳密に述べれば，Thaler and Sunstein[2008：22]では，「エコノには無視されるものの，ヒューマンの行動を大きく変えるあらゆる要素」を「ナッジ」と定義している．これを分かりやすく解釈すれば，「完全に合理的な個人には意味を持たないが，心理的要因によって行動が変わる人間に対して影響を持つ要素」が「ナッジ」の定義となる．

　人間に心理的バイアスが存在する理由の1つが，2つの異なった思考システムにある．1つの思考システムは本能的な反応である自動システムであり，もう1つの思考システムは熟慮システムである．スポーツは基本的に本能的な自動システムに強く依存している．自動車の運転を思い出せば分かるように，カーブにさしかかった時にどれだけハンドルを回転させるかは，ほとんどが自動システムによって制御されている．熟慮システムに依存していては，高速で走る車を制御することはほぼ不可能であろう．しかし，直感と密接に結び付いている自動システムが常に正しい答えを与えているとは限らない．そして，自動システムは，経験則によって強く影響を受けることになる．

自動システムが導き出す回答は，経験則と思考プロセスの起点（アンカー）によって影響を受ける．野球において，スクイズを守備陣に警戒させるような動きを反応させ，ヒッティングを行うといったプレーも1つの例と言える．また，自動システムを通じたリスク評価には，簡単にイメージできるリスクを過大評価するという心理バイアスが存在している．BSE（牛海綿状脳症）の報道が盛んに行われている時には，牛肉の購入を控えるといった行動を取りながら，脳卒中を引き起こす危険性のある大量飲酒をするといった行動などは，人がリスクをより簡単にイメージできるかによって，リスクの程度を評価するという「利用可能性ヒューリスティクス」の例と言えよう．

　固定観念も自動システムの判断を誤らせる要因の1つである．Koehler and Conley [2003] は，バスケットボールの「ホットハンド」の真偽を実証的に分析している．「ホットハンド」とは，バスケットボールにおいて，選手が1本シュートを決めると次のシュートを決める確率が高くなると錯覚し，連続でシュートを決めると「ホットハンド」と呼び，ツキのある選手にパスを回すことがあたかも最適な戦略であると錯覚することをもたらす．このようにランダムな事象に対しても，固定観念によって，あたかも規則性が存在していると錯覚する可能性がある．

　ナッジは，自動システムに影響を与える心理的バイアスを逆手に取るものである．元日本ハムファイターズの新庄選手は，ヒットを打った時の印象を強くファンに植え付けることにより，実績以上に活躍している固定観念をファンに与え，日本ハムファイターズの魅力を高めることに成功している．人々は，新庄が打席に立つと，自動システムによって，ドラマが引き起こされる期待を持つことになり，ゲームからの興奮が高まるのである．そして，メディアが新庄の活躍を称えるほど，この固定観念は確固たるものとなり，より広く敷衍していくこととなる．

　セイラーとサンスティーンは，ナッジを機能させる6原則を提示している．順番は，NUDGESとなっている点に注意して頂きたい．

　① iNcentive（インセンティブ）：行動の誘因を理解する．
　② Understand mappings（マッピングを理解する）：選択と結果の対応を明示

する．
③ Defaults（デフォルト）：最も労力を必要としない選択肢を選ぶ傾向がある．
④ Give feedback（フィードバックを与える）：努力の結果を明示する．
⑤ Expect Error（エラーを予期する）：人々が犯しやすい誤りを事前に予測したシステム．
⑥ Structure complex choices（複雑な選択を体系化する）：選択肢が増えすぎると単純な選択肢を採用する傾向を持つ．

次節では，スポーツにおけるナッジがどのように形成されているかを具体的な例で探っていく．

2．スポーツにおけるナッジ

（1）陸上競技

大きくて大切な試合になればなるほど，勝利からのリターンが大きく，逆に選手の不安も大きくなる．経験が多ければ多いほど，蓄積されたデータは多くなり，明確に様々なマイナス要素をイメージしやすくなる．不安を断ち切るためにベテラン選手は気持ちの持ち方を工夫しなければならない．不安を払拭するために，「練習は絶対に自分を裏切らない」と信じ，練習量による絶対的な自信を得る場合（人）もあれば，本番前に幾度も模擬的に試合を重ね，不安要素を取り除いていく場合（人）もある．問題は，心理的に大きな影響を与える事態が発生した時に，その心理的影響をどのように克服するかである．

例えば，北京オリンピックのボルト選手は絶好調で，準決勝で金メダルを確信したと言われている．このような心理的余裕によって，ラスト20mは非常にリラックスした走りができ，最高のパフォーマンスでフィニッシュラインを駆け抜けた．しかし，2012年は本番前にして同じクラブのチームメイトにジャマイカ選手権で敗れている．この心理的影響を排除するためには，どの選択肢が自らにとって心理的負担を最も軽減できるかを検討し，決定する必要がある．徹底的に練習を繰り返すのか，模擬的な試合を繰り返して不安要素を取り

除くのか，といった選択が必要となる．この負の心理的影響をコントロールすることへの集中が，望ましい結果をもたらす1つのナッジであると言えよう．

リレーも同じく，精神的有利に立つことはとても重要である．前章で議論した北京オリンピック米国リレーチームの惨敗は，意思疎通の不足やゼッケンが準備されていなかったというアクシデントによって，戦略面でのチーム内の意思統一が不十分となった結果であると言えよう．逆に，北京オリンピックで銅メダルを獲得した日本リレーチームでは，戦略面の意思統一が徹底的に行われていた．

具体的には，次のようなプロセスによって，銅メダルを獲得している．① 予選はバトンを渡したか，受け取ったかを，それぞれが確実に確認しながらパスを行うことを徹底する．② 決勝に進出すべく，20 m のパスゾーン内でバトンパス時間を最短にするための，最適な歩幅を決定し，戦略に関する意思統一を図る．③ 決勝は守りに入れば結果は残せないが，バトンミスによってすべてが無に帰するという心理的状況をコントロールする方法をはっきりさせる．④ この不安要素の入った心理的状況をコントロールする1つのナッジが，監督（強化部長）の口から出た「すべて俺が責任を持つ．結果を恐れず思い切ったバトンパスをしてこい」という言葉であった．⑤ この言葉によって，選手たちはいい意味で「開き直り」，リラックスした精神状態になり，力を発揮することができた．

最終ランナーの朝原は，「バトンをもらった時には，何も不安がなく何も欲がなかった」という精神状態を得ることに成功し，ただシンプルに自分がやるべきことを正確に冷静にこなすことができた．このような精神状態を「ゾーンに入った状態」と呼ぶ選手も多く，この状態を生み出すためのナッジを見つけることが重要となる．

(2) 野 球

野球というスポーツの特徴は，試合中の時間に余裕があることであり，これが試合にドラマ性を付与することになる．ドラマを生み出す源泉は，質の高い練習であることは言うまでもない．打者であれば，ボールを強く，遠くに飛ばすために，「会心の一打」の再現性を求めて練習を重ねる．打者にとってこの

「会心の一打」を求めることはある種の本性であり，そのために練習の質を高める工夫を模索することが求められる．練習の質を高める1つのナッジが，バットスイング音の確認である．「ブンッ」という音は普通のスイングであるが，1000回に1回くらいの割合で「ピュッ」という音が鳴る．この音を生み出すスイングが，ベストスイングであると認識し，ベストスイングの感触を体に覚えさせることが，打者にとっての練習の本質であると言えよう．

捕手というポジションについても，いくつかのナッジが存在する．捕手の重要な役割は，相手打者を翻弄することと，最悪のことに対する備えを考えることである．この頭脳面での成長を図るためには，身体的能力向上のためとは異なった努力をする必要がある．頭脳面での成長を図るためのナッジは，自身の「上達の秘訣」を身に付けることであろう．例えば，重要な経験についてはその日の内にメモまたは日記に記録し，脳内で経験の流れを反復的に再整理し，状況変化を想定したシミュレーションを繰り返すことである．また，身体的な面においても，重要な経験については記録を残し，体の動きに関しての再現性を高めることが重要となる．試合中の重要な体の動きを可能にした練習との関連性を明確にし，ピンチを乗り切った時の思考論理を反復することが，1つのナッジとなる．

監督にとってのナッジは，選手に「緊張と緩和」を与えることである．具体的には，叱ることと褒めることを，どのようなタイミングで行うかを見つけることである．また，叱る場合にも，それが期待の表れであると感じさせることが重要である．そのため，具体的にどのような役割が期待されているかを明確に伝えることが重要となる．ただし，叱ることの心理的影響を，様々な観点から予測する必要がある．場合によっては，コーチといった第三者を通じて役割期待を伝えることもあれば，マスメディアを通じた役割期待の伝達もあり得る．このような第三者を通じて叱る方法は，うまくいく場合には，第三者が好意的に監督の真意を選手に伝えることになり，選手との信頼感と人間関係を損なうことなく，役割期待を伝えることが可能となる．別の言い方をすれば，このような阿吽の呼吸を理解できる，監督の味方（ファン）を多く作っておくことが，1つのナッジであると言えよう．

野球のように，チームプレーが重要な団体競技において，チームワークをど

のように形成するかは，極めて重要な課題となる．チームワーク形成のためのナッジとして採用したフレーズに，「情けは人のためならず」と「後の人のことを考えて……」がある．実際に，監督就任直後，マネージャーに「チームワークが必要．そのためには，例えばトイレのスリッパを，次に入る人のことを考えて，揃えるなどして，『つながり』を意識させることから始めてみよう」と伝えたところ，次の日には，具体的な指示を行わなくとも，トイレの入り口に「小さな思いやりが明日の大きな1勝へ．スリッパは揃えて置きましょう」という張り紙が貼られていた．この張り紙はチームワーク形成のためのナッジであり，指導者の思いが伝われば，少ないヒントであっても，学生は動こうとすることを実証している．

　選手とのコミュニケーションを潤滑にするためのナッジとして，「ノック」がある．「うまくなれよ」と祈りながら，一球一球選手に声をかけながら打つことにより，選手は監督の思いを感じることができる．しかも，取れそうで取れないところにノックし，何回目かで取れた時に，その努力と結果について賞賛することが重要となる．ノックを通じた叱責と賞賛は，コミュニケーションを潤滑にするだけでなく，選手の実力とモチベーションを向上させることになる．

（3）ラグビー

　選手・監督は試合に勝つための知恵とノウハウを長期間かけて蓄積していく．これらの知恵とノウハウの中に，陥りやすいミスと誤った行動を防ぐためのナッジが数多く含まれている．その1つが，チーム全体を支配する心理的なイメージを良い方向に形成するためのナッジである．例えば，試合の最初のコンタクトプレー（攻撃：ランニングしてタックルをかわす，守備：タックルして相手の動きを止める）が失敗した場合には，当該プレーヤーのみならず，チーム全体がその後の試合の展開に対して負のイメージを抱くようになる．そのため，試合の最初のコンタクトプレーを絶対に成功させることを，チーム全体で意思統一することが重要となる．

　試合開始早々でのミスは，試合展開に対して心理的に負の影響を与える．試合の流れをつかむためにも，試合開始早々はミスの少ないプレーを選択する必

要がある．また，試合の流れが悪い場合には，自らのミスが相手の勢いをさらに増すため，ミスする確率の少ないシンプルなプレーを選択する必要がある．

相手チームの選手の中には，試合の流れに決定的な影響を与える選手がいる．まず，それが誰であるのかをチーム全体で共通に認識し，その選手を15人で徹底的に攻撃する必要がある．逆に，こちらが攻撃の際は，その選手がタックルしなければならないようなコース取りをし，その選手を消耗させる．相手の主力選手の動きを止めることができれば，試合全体のイメージは良い方向に形成することができる．

チームメンバーの心理的な状態を良い方向に誘導し，精神的統一をもたらすために，チームによっては独自の儀式を行う場合がある．例えば，2011年のラグビーワールドカップで優勝したニュージーランド代表（オールブラックス）は，試合前にニュージーランド原住民の舞い（ハカ）を踊る．早稲田大学ラグビー部は試合前に部歌を歌い一体感を高める．このような儀式は，心理的昂揚をもたらすためのナッジであると言えよう．

コーチ等の指導者は，選手の動きを良い方向に仕向けるためのナッジをいくつか用意している．ラグビーは，球技と格闘技が融合した競技である．そのため試合に勝つには，闘争心が必要となる．闘争心を奮い立たせるために，ウォームアップで必ず体を当てるメニューを入れて本能を呼び起こす．ある意味で，これは強制的に選手の闘争心を起こすためのナッジである．

試合が後半になると，選手には疲れが現れ，ミスとか誤った判断が生じやすくなる．ミスや誤った判断により，試合の流れが大きく悪化する場合も多い．このような状況になった場合には，試合の流れを変えるために攻撃に能力を発揮する選手を投入する．攻撃が得意な選手は守備が不得手である場合が多く，手堅く試合を進める必要がある試合開始早々に投入することは，大きなリスクをもたらす．そのためコーチは，スターティングメンバーとしては出場させたくないと考える．ラグビーは，監督とコーチはスタンドで観戦するため，選手に直接メッセージを伝えることは難しい．グランドで活躍するウォーターボーイ（水を持って行く係）にトランシーバーを通じてメッセージを送ることで，間接的に選手に指示することはあるが，試合の大部分はキャプテンに任せてある．そのため，コーチができる試合の流れを変える方法は，選手交代くらいに

限られている．選手交代で攻撃型選手を投入することは，チームメンバーに対して精神的集中を与えるナッジとして機能するのである．

　戦略形成におけるナッジも存在している．試合時の意思疎通は制限されており，練習時にコーチの意図をしっかりと選手に落とし込む必要がある．情報化社会にあって，選手たちは世界のラグビーの情報はほぼすべて手に入れることができる．つまり，選手たちは戦術をたくさん知っており，世界トップレベルでプレーされている最先端のスタイルが一番勝利に対して効果的であると考えている．一方，コーチは，世界の潮流をおさえつつも自らのチームにあうスタイルを選択する必要があり，実際そのことが勝利に近づく唯一の方法である．ここで，選手の持つ情報をそぎ落とさなければならないが，一度知ったことを忘れさせることは難しい．戦術を多く持ち過ぎると，2つの点で問題が生じる．第1に，試合中は一瞬の判断が求められるのに対し，戦術の取捨選択に時間がかかる．第2に，1つの戦術に対する練習時間が少なくなり，チームの強みを作れなくなる．このことにより，特徴のないチームになってしまい，敵にとって戦いやすい相手になってしまう．この論理を選手に徹底させることが，選手から情報を削ぎ落とす上で重要となる．

　試合の中で重要なことは，最適な戦術を選ぶことではなく，チームが同じ意思を持ってプレーすることである．つまり，リーダーが決断した内容をチーム全体がすぐに理解することが重要となる．これができると15人がチームとして一体化し，精神的統一が可能となり，同じ感覚でゲームを進めることができる．チームが1つの生き物のような感覚を選手に付与することが重要なナッジとなる．

　最後に，内発的動機付けのナッジも存在している．長年プレーを続けていると，なぜラグビーを続けているのか分からなくなってくる．このことを改めて考えることで，「好きだから」「楽しいから」など個人によって様々であるが自らのためにプレーしていることを再認識する．このことに気付くことが内発的動機付けにつながる．

3. スポーツにおける心と身体の統合

これまでスポーツにおけるナッジについて，議論を行ってきた．このナッジの根幹には，スポーツにおける心理的要素と身体的要素との複雑な関係性が存在している．ナッジの有効性は，この複雑な関係性と整合的であるか否かに依存していると言って良いであろう．そこで，本節ではスポーツにおける心理的要素と身体的要素との関係について，掘り下げて議論する．

(1) 見えるものと見えないもの

スポーツにおけるトレーニング計画や技術練習は，見えるものである．見えるということは，考えるということであり，考えるには何かその対象がありそれを感じるということである．つまり，見えるためには，感覚と思考が必要となる．この2つは理性とも呼ばれ，意識的に行動する，行動ができるということの前提となる．視覚，聴覚，臭覚，味覚，感覚という五感でありそれを随意行動に移す局在が脳に特定化できるのである．局在が特定化されることにより，感覚を数値に置換することが可能になり，それにより数値目標を設定できることになる．トレーニングを科学的に行うことの意味は，感覚と思考を合理的で客観的に把握することであり，そこが科学的と言われる所以となる．

一方，スポーツの現場でよく言われる，「やる気」や「その気」あるいは「根性」等といった感情の部分は，一般に目に見えないものである．握力は50キロと表されるが，やる気，根性を数値化することは難しい．感情は，当人でさえもコントロールすることが難しいものであり，不自由で不可解なものである．さらに，感情の個人差は大きい．感情は無意識に表れるものであり，特定化できないため，それがどこから生まれているのかも不明である．「第六感」，「カン」，「コツ」とか呼ばれるものは，主観的かつ非合理的なもので，近代科学では，否定される傾向にあるものである．ところが，これら思考と感覚と感情の3つが心と呼ばれるものなのであり，感情を無視しては心を理解しコントロールすることはできないのである．感情は，ある意味で人間が外界の情報を，包括的に把握するセンサーのようなものと考えることもできよう．部分最適では

なく，全体最適を達成するためには，包括的な情報把握が不可欠であり，それ故に人間の身体運動を制御する上で，極めて重要な役割を果たしていると言える．スポーツでも日常生活においてもこの心の命じるままに，そして心の働く通りに身体が動く状態が望ましいのである．

（2）型　と　形

スポーツや武道といった身体活動の練習には，基本の動きを反復するという一定のパターンがある．型や形と呼ばれるものである．型では，技術伝達以前のしつけや作法，礼儀といった人間性が問われ，求められる．そこでは，師匠と弟子の間で技術そのものが理屈ではなく模倣で伝えられる．落語やいわゆる職人，茶道等の伝統技能に見られる技術の全人格的継承と同様なものである．従って，そこでは，初心の時は，疑いや批判的思考を持たず，「没我」という自我を抑えることが求められる．

次に，模倣というまねる行為，すなわち，対象物を観察し，自分なりの見解や工夫をそこに加え，その型を押さえつつも，その型を破るという段階に進む．そして，最後は，その型を押さえつつも，型を離れるという創造性の段階に進む．「守破離」という日本の伝統的な技術の伝承過程である．

一方，形は，身体を一定方向に動くように技術を分習し，合理的に判断し段階別に慣らしていく要素還元主義である．コーチの言うことをよく聞いて（感覚）その通りに考えて動く（新皮質の指令で筋収縮させる）のである．これは，理性的かつ合理的判断で運動が組み立てられるということである．つまり，理屈で構成されているのである．しかし，実際の場面では，その通りにいかずパフォーマンスにミスが出る．従って，そこに，心のトレーニングを付け加えていくのである．

（3）身体という情報システム

我々の運動技術の獲得は，意識の働きである．そして，その技術の発揮が無意識化した時，つまり，心の働きと身体の動きが一致した時にビッグパフォーマンスが生まれるのである．身体を情報回路と捉えた場合，以下の3つに分けられる［湯浅 1986］という．まず，外界感覚－運動回路と呼ばれる我々の身体

と外界との関係に関する情報システムである．これにより外界認知とそれに応じた行動をとる．次に，全身内部感覚回路と呼ばれる我々の身体の状態そのものについての内部情報装置である．それには，2つの種類がある．1つは，四肢の運動感覚を通じて発現する身体運動に関する情報装置である．もう1つは，内蔵の状態に関する情報メカニズムである内蔵感覚情報装置である．意識という点から考えると，外界感覚運動回路は意識であり，全身内部感覚の身体運動に関する情報装置は自我意識の周辺である．そして，内蔵感覚情報装置は，さらにその背景にある漠然とした底辺の意識と言える．最後は，情動的反応に関わる情動－本能回路である．これは，生命そのものを維持する自律神経に関する基本的システムである．また，例えば，食欲とか性欲とかといった人の本能と深い関わりを持つ回路である．ポイントは，この回路は皮質にまで達していない点である．すなわち，快，不快の情動的反応がおきる無意識領域である．

　これら3つの回路の関係は，次のように考えられる．スポーツでパフォーマンスが素晴らしいということは，外界感覚－運動回路の能力が高いということである．そして，それは，全身内部感覚の四肢の運動感覚の能力に依存している．つまり，身体の習慣付けられたメカニズムの能力の高まりが外界感覚－運動感覚の活動能力を高め，ハイパフォーマンスになるということである．この能力を高めることがスポーツの練習である．つまり，身体を一定の方向に習慣付けるということである．従って，最後の情動本能回路と外界感覚運動回路は，直接的には関係がない．ところが，晴れの舞台とか大試合で感情が平静さを失うと身体の動きが固くなり，外界感覚運動回路がうまく働かなくなる．このため，情緒の安定を保つ訓練が身体運動の点から見ても重要となる．無意識から出てくる情動的コンプレックスを解消し，心の命じたままに身体をコントロールしようというものである．身体と技術と同じように，心の働きも繰り返し，繰り返し訓練することにより向上し発達するという立場にたつ．その方法論は，東洋では瞑想の訓練である．西洋では，バイオフィードバック法とか自律訓練法とか呼ばれるメンタルトレーニングである．つまり，意識という皮質系の機能と無意識という自律系の機能を条件付けによって結び付かせ，生命にとってプラスとなる方向に発達させようというのが東洋の瞑想という修行法や西洋のメンタルトレーニングである．

以上に述べた心理的要素と身体的要素との関連に基づいた，ナッジの形成について，より深く考察することが今後の課題として残されている．

第 10 章

グローバリズムとアイデンティティ

1. グローバリズムとは

　グローバリズム（globalism）は，その単語構成から，グローバル（global）とイズム（ism）に分けることができる．グローバル（global）とは，「世界的規模の」（新英和大辞典），イズム（ism）は，「主義」（新英和大辞典）を意味する単語である．つまり，グローバリズム（globalism）とは「世界的規模の主義」，あるいは，「世界的規模の政策」ということになろう．また，M. B. スティーガーは，グローバリズムをグローバリゼーションに価値と意味を与えて推進するイデオロギーであり，グローバリゼーションを，政治，経済，文化などにおける多元的な現象を包含する用語とする．表10-1は，代表的なグローバリゼーションの定義のまとめである．以上から，ここでは，グローバリズムをグローバリゼーションを評価する主義，もしくは信念と捉え，グローバリゼーションを「世界

表10-1　グローバリゼーションの定義

定義者	内容
アンソニー・デギンズ	遠く隔たった地方同士を結び付けていく世界規模の社会関係の強化
フレドリック・ジェイムソン	世界市場の地平と世界のコミュニケーションの拡大がはるかに実態的で直接的な関わり
デヴィット・ヘルド	社会関係と社会的取引の空間的編成における変容を生み出す1つの過程
ローランド・ロバートソン	世界の圧縮と，世界を一体として捉える意識の深まり
ジェイムズ・ミッテルマン	社会関係の時間的および空間的な側面を圧縮する主体

出所：Steger [2009] を基に筆者作成．

の相互依存を強化する社会的過程」とする.

(1) 経済のグローバリゼーション

　世界の貿易量は，1948年以降，世界の生産量を40％上回るペースで，約11年ごとに2倍に膨れ上がっている［鈴木 2000：120］．そのため，世界貿易は，世界経済に大きな影響力を持つ．ここでは，グローバリゼーションを理解するために，この概念の基本となる国際的な「モノ」の動きを次の2点に注目して検討する．1点目は，世界規模の相互依存が強化された過程である．18世紀後半にイギリスにおいて発生した産業革命以降，原料と製品が国際的に多量に取引されるようになった．その動きが国際的に波及し，国と国との関係が急激に結び付くようになるのである．つまり，産業革命が発生した工業国においては，生産に必要な原材料を外国から輸入し，一方の工業国以外の諸国は，原材料を工業国に輸出するという相互依存関係が強化されるのである．2点目は，当時の覇権国であったイギリスが強い影響力を行使した点である．イギリスは，生産した製品を世界中に抱える数多くの植民地に対して販売し収益を上げるだけでなく，日本や中国といったアジア諸国とも不平等な条約を結び有利な条件での取引を強要していた［岩本・奥・小倉ほか 2001：41］．そして，ロンドンを中心とした国際金本位制度が確立したことにより貿易代金の支払いが安定し，その結果として「モノ」の移動が促進されるのである［岩本・奥・小倉ほか 2001：41］．

　モノの移動を支える国際的なシステムとしては，「自由貿易」がある．これは，平等なルールの下に行われる自由な競争が経済を発展させるという考え方に基づく取引である．しかし，ここで言う「自由」とは，貿易に対して何も制限が課されないということではない．例えば，仮に軍事製品，麻薬，絶滅危惧種などが自由に取引できるならば，国際社会は大変な混乱をきたすであろう．そのため，「自由貿易」とは言えども，これは，ある一定のルールに基づいて国際的にモノを取引するシステム[1]なのである．その後，イギリスの覇権を前提にしていたことと，国際的な所得の再分配機能を十分に持っていなかったことから「自由貿易」システムには限界が生じる［岩本・奥・小倉ほか 2001：42］．そこで，第2次世界大戦後，この限界を乗り越えるために当時の覇権国であったアメリカの強い影響力を背景として国際通貨基金 (International Monetary Fund,

以下 IMF）とガット（General Agreement on Tariffs and Trade, GATT）体制が実現するのである．IMF は，ドルを中心とした固定相場制，為替の自由化，ガットは貿易の自由化を推進する役割を担う［岩本・奥・小倉ほか 2001］．しかしながら，この体制には，次の2点から変容が迫られた．1つは，サービス貿易や資本移動に関するルールが存在しなかった点である．2つ目は，その後のアメリカ以外の資本主義各国の経済復興や発展と，社会主義体制の崩壊など様々な要因が資本主義国家間の競争を激化させた点である．このような状況の中，アメリカに限らず世界各国による対外交渉の産物としての世界貿易機関（World Trade Organization, 以下 WTO）が1995年に設立されるのである．

　このように，国際的な貿易システムの生成と確立は，経済のグローバリゼーションを推進する上で必須であった．そして，この貿易システムは，その時々の課題を解決する形で発展を遂げてきたのである．特に，WHO の設立によってサービス貿易，知的財産保護，貿易関連投資などに関するルール化がなされ，企業活動の国際的な活動が容易になった［岩本・奥・小倉ほか 2001］．加えて，いわゆるヒト・モノ・カネ・情報の国境を越える移動を制限する規制が緩和され，国際的な分業体制が確立し低コストでの生産が可能となった．『人間開発報告書 2010』によると，この結果として，ほとんどの人々は20年前に比べて，様々なモノやサービスを手にしやすくなったが，その一方で，世界の現状を平均値ではなく個別に見ると，厳しい現実も明らかとなる．例えば，豊かな国が貧しい国より平均して速いペースで成長してきたために，先進国と途上国の間の溝は狭まっていない．さらには，1980年以降，国内の所得格差が拡大した国は格差が縮まった国よりも多く，所得格差が拡大した国は，縮まった国の2倍以上に達するという．つまり，経済のグローバリゼーションは，このような地球規模での経済格差の拡大，換言すると，貧富の二極化という負の現象も引き起こしているのである．

（2）スポーツのグローバリゼーション
　スポーツは，19世紀，イギリスにおいて形が整えられた［多木 1999：26］．もちろん，それまでにもいろいろな娯楽としての身体運動が存在していた．例えば，キツネ狩りや牛追いといった生きた動物を利用して行う娯楽があった．ま

た，後にサッカーとラグビーに分化するモブフットボールも挙げることができる．これは，村単位でボールを蹴り合うかなり危険な競技であり負傷者が出ることも珍しくなかった．住民に対する迷惑行為などがあることに加えて，あまりに野蛮で乱暴な競技であったため，何度もモブフットボール禁止令が出されるほどであった［多木 1999］．そして，社会において暴力への嫌悪感が増す中，残酷で粗野なキツネ狩りや牛追いといった娯楽の姿は見られなくなり，野蛮で乱暴なモブフットボールは「非暴力的な競争」［多木 1999］化されスポーツとして作り直された．当時のフットボールは，グラウンドの広さ，参加人数，試合時間など様々であったため，対抗試合を行うためには規則のすり合わせが必要となった．ここで初めて統一規則が制定されたフットボールは，一定程度の広範性を備えるスポーツとなったのである．

　このように広範性を持ったスポーツは，イギリス国内だけの活動に止まらず国境を越えて伝播していった．それには，特に当時の覇権国がイギリスであったことが大きく影響している．スポーツの世界的伝播は，帝国主義や植民地主義によるイギリスの発展と切り離すことができない．その理由は，スポーツが大英帝国統治に役立つと考えられていたからである．つまり，スポーツは，イギリスの文化や社会構造を移行させる強力な方法の1つと捉えられ，イギリスの船員や商人を媒介として伝播したのである．スポーツは，大英帝国以外の国々にも伝播し，それらの国々において国際試合が開催されるようになった．そこで，スポーツの国際試合を取りまとめる機関が必要とされ，それにこたえる形で国際スポーツ機関が設立されるのである．その後，スポーツは，情報・通信テクノロジーの発展によってメディアと融合し，さらには経済のグローバリゼーションと結び付きビジネスとしても発展していくのである．

　ビジネスとしてスポーツが発展していく中では，効率性がスポーツにとって大きな要素となるのである．そして，この効率性という考え方は，商品としてのスポーツだけでなく戦略や戦術にも影響を及ぼしている．今日のオリンピックやワールドカップに出場するチームや選手は，情報・通信テクノロジーの発展によってほぼ同時に最新の情報にアクセスできるようになった．そのため，新しい戦略や戦術は，他国によってすぐに分析され，それを実現するためのトレーニング方法も世界中のトップレベルのコーチ，選手によって共有されるよ

うになったのである．結果として，一部の競技においては，多くのチームや選手が同じような戦略や戦術に基づいたプレーを志すようになり，その独自性が減少しているという批判がある[2]．例えば，2019年のワールドカップ自国開催の成功に向けて取り組んでいる日本ラグビーフットボール協会においても，ニュージーランドやオーストラリアといったラグビー強豪国からコーチを招聘し，ナショナルチームの強化を進めている．ここには，ラグビー強豪国の戦術に習い効率的に勝利を目指すという意図が推察される．しかしながら，このことは，スポーツが本来有する「自由」であるという特徴と，「遊び」といった要素を活かした戦略・戦術作りとは対立関係を招くとも考えられる．当然のことながら，ナショナルチーム強化の重要性は否定できないが，スポーツの原点に立ち返った発想から日本らしい戦い方，つまり，日本の独自性を活かす戦略・戦術の創造といった試みも期待されるのである．

（3）グローバリズム

前述の通り，グローバリズムは，グローバリゼーションを評価する主義，もしくは信念であり，グローバリゼーションに価値と意味を与えて推進するイデオロギーであった．そして，イデオロギーは，共有化された理念とパターン化された信条からなるシステムである [Steger 2009]．イデオロギーは，複雑な社会を単純化し，単純な主張を組織化する．その主張は，政治的パワーを正当化するのに援用できるため，社会的エリートによってコントロールされる [Steger 2009] という．つまり，グローバリズムとは，社会に影響力を持つ者によって作りだされたグローバリゼーションに対する価値，もしくは意味と言えるのである．

表10-2は，経済のグローバリゼーションに対する代表的なグローバリズムのまとめである．

まず，1つ目は，今日における主たる集合体のイデオロギーである市場派グローバリズムである．これについては，前述のIMFとガット体制の創出からWTOへの変遷を見ても理解できるように，アメリカを中心とする新自由主義経済の影響力が大きい．2つ目の正義派グローバリズムは，連帯と分配を基本理念とする平等主義による代替的なイデオロギーである．3つ目の聖戦派グ

表10-2　代表的なグローバリズム

分類	概要
市場派	自由市場の原理に基づいて世界を統合しようとする支配的な新自由主義の動き
正義派	平等主義に基づく，主流派に対する代替的な構想
聖戦派	イスラムの価値観に基づく，主流派に対する代替的な構想

出所：Steger [2009] を基に筆者作成.

ローバリズムは，イスラムの価値観と信念を守るためのグローバルな共同体を動員しようとするイデオロギーである[Steger 2009]．このように，グローバリゼーションを捉えるイデオロギーは一様ではないものの，経済のグローバリズムには，アメリカを中心とした国々の意向が強く反映されている．市場派グローバリズムは，市場を支配する先進諸国によって作りだされたグローバリゼーションに対する価値であるのである．

　それでは，スポーツにおけるグローバリズムとしては，どのようなものがあるのだろうか．スポーツのグローバリズムとしては，国際オリンピック委員会を中心とした「スポーツのグローバリゼーションがよりよい世界の構築に役立つ」というイデオロギーが中心となろう．このことは，オリンピックのあるべき姿（Olympism）にある「いかなる差別をも伴うことなく，友情，連帯，フェアプレイの精神を持って相互に理解しあうオリンピック精神に基づいて行われるスポーツを通して青少年を教育することにより，平和でよりよい世界をつくることに貢献する」というオリンピック・ムーブメントにも表れている．また，スポーツには，ルールに基づいた競争の中でフェアプレイといった文化的，かつ社会的な基本モデルと価値志向が顕著に見られる．そしてスポーツは，世界中で理解され民族，政治，世界観の違いや宗教，人種，性による差別に抗して行われている[Ommo 2000]．これらは，スポーツにおけるグローバリゼーションを肯定的に捉えるイデオロギーであるが，一方には，スポーツにおけるグローバリゼーションを否定的に捉えるイデオロギーも存在する．ここでは，そのすべてに言及する紙幅がないが，例えば，スポーツの伝播は，スポーツの伝播した国家間の政治，経済などの領域における力関係によって決定するため，スポーツは，文化支配の一形態であるという批判も存在するのである．

2. スポーツルールと文化性

　自由貿易とは，平等なルールの下に行われる自由な競争が経済を発展させるという考え方に基づくものである．しかし，前述したように，その時々に経済的覇権を持つ先進諸国は，自国が有利になるようなルール作りを実現させるために影響力を行使していた．一方，スポーツは，ルールの下に行われる自由な競争とされる．そのため，スポーツルールは，現実社会では実現することが難しい平等性，さらには公正性を担保していると考えられているのである．本節では，果たしてスポーツルールが平等性，公平性を担保しているのかという点について検討を行う．まず，ここでは，近代スポーツ発祥の地イギリス生まれのスポーツであるラグビーフットボール（以下，ラグビー），日本の伝統競技である柔道，メディアからの強い影響力を受けるバレーボールの3競技を事例として，スポーツルールと文化の関係を検討する．

（1）ラグビーフットボール

　ここでは，スポーツルールと文化との関係をラグビーのアマチュア規定に注目し検討する．国際オリンピック委員会（IOC）がオリンピック憲章から「アマチュア」の文言を削除した1974年以降，他競技がプロ化への道をまい進する中，国際ラグビー機構（International Rugby Board，以下IRB）は，頑なに「アマチュアリズム」を固守していた［野々村・岡本・福井 2005］．しかしながら，1987年の第1回ラグビーワールドカップ開催をきっかけに商業主義が加速し，テレビの放映権料，スポンサー料など多額のマネーが流通し始めるとともに選手の引き抜きが発生してきた．このような状況の中，IRBは，プロ化への激しい潮流には抗いきれず「アマチュア規定」を1992年に緩和し，1995年には撤廃するのである．

　ラグビーは，もともとサッカーと同じルーツを持つフットボールと呼ばれる競技であった．それが19世紀半ばにゲーム像をめぐる対立から，フットボールアソシエーション（Football Association，以下FA）のサッカーと，ラグビーフットボールユニオン（Rugby Football Union，以下RFU）のラグビーに分裂したので

ある．FA は，競技のために費やされた労働時間を保障するために選手に対して報酬を与えた．当然ながらラグビー選手からは，RFU に対しても同じような待遇を求める声が上がった．しかしながら，パブリックスクール出身者などエリート層が多かった RFU は，逆に厳しいプロ禁止規定を作ったのである．これには，次のような理由があった．RFU には，上流階級出身者が多く，彼らは身体的能力に優れた労働者階級に負けるという事実を受け入れることが難しかったのである．つまり，彼らのプライドが傷つけられることを避けるために，休業補償の禁止，賞金受理の禁止といった規則を定めたのである［野々村・岡本・福井 2005］．そして，結果として，金銭的補償を受けられない労働者階級を見事 RFU から締出すことに成功し，このアマチュア規定が IRB 設立後も遵守されたのである．日本においては，アマチュアリズムは，金銭的対価を求めず純粋にプレーを楽しむ姿勢として肯定的に捉えられることが多い．しかしながら，そのルーツは，上流階級出身者が嗜むスポーツからの労働者階級の締出しを意味していたのである．そして，イギリスにおける階級差別を反映した不平等なルールが 100 年以上も継続されたということなのである．

（2）柔　　道

　柔道は，戦後日本を占領していた GHQ（連合国最高司令官総司令部）によって軍国主義とのつながりを指摘され，1945 年に学校教育から排除された[3]．1950 年に体重別制やポイント制といったルール変更を実施するなど，いわゆるスポーツ化することで，柔道は学校教育へ復活した．その後，オリンピック競技に採用されるなど順調に国際化が進められたように見受けられる柔道であるが，実際は，日本の伝統文化としての精神性の保存と国際化との狭間での組織的葛藤のただ中にあるのである．

　柔道は，嘉納治五郎が従来の「柔術」からその精神性を強調し，「柔道」と名称を変えた［井上 2000］ことにより社会に広く知られることとなった競技である．柔道を含む武道は，2012 年の中学校学習指導要領の改訂に際して，武技，武術などから発生した日本固有の文化であるとの理由で必修化された．このように，柔道は，現在も日本の伝統文化であると認識されているのである．それとともに，1932 年のロサンゼルスオリンピックで公開競技として採用された

後，柔道は，国際的な競技への道をも歩み続けている．この過程では，武道としての伝統を保ちながら国際化を進めたい日本側と，伝統という枠に捉われず国際化を目指す諸外国との価値観の衝突［中村 2008］がある．そして，このような衝突を経て，青色柔道着着用，体重別制，押さえ込み時間短縮の採用など，柔道のルールは様々に変化してきた．

　ここでは，青色柔道着の採用に注目する．青色柔道着採用に関する提案は，1986年の国際柔道連盟（IJF）理事会で初めてなされた．この提案から青色柔道着の採用が決定される1997年のIJF通常総会までには，約11年間にも渡る長い時間が必要であった．この中で，白色柔道着の固持を目指す日本側は，「白色は，柔術の稽古着と同じ色であり，柔道のルーツである柔術の伝統を生かそうとした証であり，後世のために柔道文化を守ることは我々の責務である」［中村 2008］と主張した．一方の青色柔道着推進側は，「白色は，柔道の伝統ではなく日本文化の特徴の1つである．柔道界として柔道の精神というものは懸命に発展させていくべき価値であるが，我々には日本文化を普及させる責務はない」［中村 2008］と主張した．この背景には，青色柔道着採用によって柔道をより見栄えのする競技にすることでメディアの関心を引き，国際化をより推進したいという国際オリンピック委員会の意図が存在すると推察される．このように，国の固有の伝統や文化といった特殊性が組み込まれた柔道のような伝統スポーツは，国際化を目指す際に一般化を余儀なくされるのである．そして，国際化を達成するためには，そのスポーツを形作る根幹となるルールの変更をも受け入れなければならなくなることもあるのである．

（3）バレーボール

　国際バレーボール連盟は，1977年以降ワールドカップの放送をフジテレビジョンに独占させている．そして，この放映権を獲得したフジテレビジョンは，視聴率獲得のためにアイドルグループやタレントを活用したワールドカップのショー化を行っている．時には，その影響がルールにも及び，これまでメディアを意識したルール変更がなされてきた［吉田・米山・浜口 2007］．例えば，カラーボールの使用，コートの色分けなどである．さらに，ルールの変更は，このような色彩的な変更に止まらない．ラリーを続けさせる目的でサーブのネッ

表10-3 メディアの要望に合わせたルール変更

競技	変更内容
バスケットボール	CMを入れるためにクオーター制の導入
アメリカンフットボール	CMを入れるためだけにインターバルを導入
サッカー	得点シーンを増やすためにオフサイドのルールを緩和
ラグビー	見て面白い競技となるために戦術的な選手交代を認可
卓球	CMを入れやすくするために21点制を11点制に変更
バレーボール	放映権収入獲得のために，ワールドカップを常に日本開催

出所：森田［2009］を基に一部加筆のうえ筆者作成．

トイン，第1球目のダブルコンタクトの廃止，テレビの放映時間にマッチするよう試合時間の短縮を目指すラリーポイントシステムの採用など，バレーボールの本質を歪めかねないルールの変更もなされたのである．表10-3は，メディアの要望に合わせた主要なルール変更をまとめたものである．そこに示したように，バスケットボールやアメリカンフットボールにおいては，テレビCMの時間を確保するためにルールが変更されている．このようにバレーボール以外の競技においても，メディアの影響によるルールの変更がなされているのである．

　ここには，スポーツというコンテンツを求め放映権料を拠出するメディアと，競技の発展と活動費を確保したい国際スポーツ組織との依存関係があるのである．メディアは，放映権を獲得するために費やした費用以上のものを，スポーツ放送によって確保しなければならない．当然ながら該当競技をより魅力的なものにし，数多くのスポンサーを獲得する必要がある．そのため，メディアは，ルールの変更をスポーツ組織に求めるのである．一方のスポーツ組織も，スポーツの本質を棄損しかねないルールの変更に抵抗感はあるが，該当競技の活動費の獲得は必須であるために，その変更を受け入れざるを得ないのである．

　以上，ラグビー，柔道，バレーボールを事例に，スポーツルールと文化性の関係を検討することで，少なくとも該当スポーツのルールは，社会階級，歴史と伝統，メディアといった文化からは隔離されていないことが判明した．つまり，平等性，公平性を担保すると考えられているスポーツルールでさえも，実際はその実現が難しく，独自の文化性を根底にしながらも社会の影響を受け変

容を続けているのである．

3. アイデンティティと国際化戦略

　スポーツのグローバリゼーションの進展は，オリンピックやワールドカップといったメガ・スポーツイベントの開催に顕著である．そこでは，スポーツが国民国家への帰属意識，換言するとナショナル・アイデンティティの強化に活用されている．これは，スポーツが私的な嗜みであるにも関わらず，メガ・スポーツイベントにおいてスポーツが国別対抗で行われていることからも容易に理解できるであろう．本節では，スポーツビジネスが最も進んでいる国の1つであるアメリカと，経済発展に伴いスポーツ界において存在感を増している中国のスポーツにおける国際化戦略の特徴を比較した後，日本における国際化戦略について検討する．

(1) アメリカ

　アメリカは，もともと地方分権が進んでおり，外交，国防，人種差別などの特殊な問題を除いて，その行政的権限は州および地方公共団体にある．しかしながら，1900年初頭に顕在化した青少年の体力低下，医療費と関わる国民の健康の問題や，スポーツ興行のビジネス化，オリンピックといった国際競技大会に対する注目度などを背景に政府として関与する必要が出てきた．また，1970年代におけるアメリカ選手の国際競技大会での成績不振による国家威信の低下が，この流れをさらに推進するのである［笹川スポーツ財団 2011a］．**表10-4**は，アメリカにおける主なスポーツ関連法のまとめである．スポーツに関する統括組織を認可し，その団体に権限を委任するため，1978年に制定された連邦法規がスポーツの基本政策を示すアマチュアスポーツ法（The Amateur Sport Act of 1978）である．この法律によって，アメリカオリンピック委員会（United States Olympic Committee）がアマチュアスポーツを統括する中央組織として認可された．その後，1998年にパラリンピックとの関係などを規定して，オリンピック・アマチュアスポーツ法（Ted Stevens Olympic and Amateur Sport Act）に改定された．

　世界屈指のスポーツ大国であるアメリカは，スポーツを商品としても捉えて

表10-4　アメリカにおける主なスポーツ関連法

名称	内容
オリンピック・アマチュアスポーツ法	アメリカオリンピック委員会にスポーツ強化普及の権限を委託する法律
統一代理人法	大学代理人を規制する統一法
スポーツ責任・信託法	統一代理人法の動向を補強
カート・フラッド法	「野球への反トラスト法の適用除外の法理」を部分的に排除する法律
スポーツ放送法	4大リーグについて，放送権の一括管理を反トラスト法の規制対象とする法律
反トラスト法	私企業体制と資本主義経済を完全な形で維持していくための基本秩序であり，私企業の活動を自由に発展させ，その活性化を図る法律

出所：川井［2003］，笹川スポーツ財団［2011b］を基に筆者作成．

おり，スポーツビジネスに関わる法律も制定されている．例えば，統一代理人法は，学生選手を保護することを目的として代理人の違法な行為を規定しスポーツの健全な発展を目指している．また，カート・フラッド法は，リーグの利益を最大化するために，ドラフトやレベニューシェアリングにより戦力を均等にするための調整を認めている．

図10-1は，主な国のプロスポーツリーグの総収入を比較したものである．この図からわかるように，総収入上位4リーグはすべてアメリカのプロスポーツリーグである．そして，このような結果は，各リーグの国際化戦略によってもたらされている一面がある．

アメリカのプロスポーツリーグは，メジャーリーグ機構が日本でメジャーリーグ開幕戦を開催したり，NFLがヨーロッパにリーグを設立するような施策をとりながら，海外市場を獲得しているのである．加えて，このような動きの中で収益を得るのはプロスポーツリーグだけではなく，ナイキやアディダスに代表されるスポーツ産業やメディアなど様々である．アフリカの青年がシカゴブルズのTシャツを着ていたり，アジアの少年がニューヨークヤンキースの帽子をかぶっていたりすることはその一例であろう．そして，このようなスポーツ産業の収益が，事業収益と民間からの寄付を中心とした独立採算型であるアメリカオリンピック委員会などへの寄付として活用されているのである．

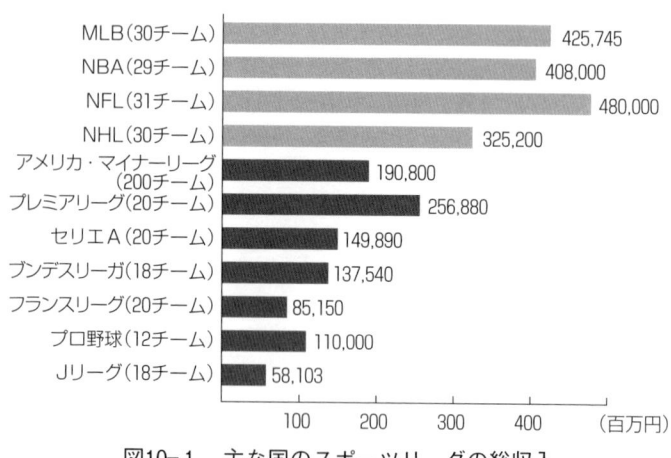

図10-1　主な国のスポーツリーグの総収入

リーグ	総収入（百万円）
MLB（30チーム）	425,745
NBA（29チーム）	408,000
NFL（31チーム）	480,000
NHL（30チーム）	325,200
アメリカ・マイナーリーグ（200チーム）	190,800
プレミアリーグ（20チーム）	256,880
セリエA（20チーム）	149,890
ブンデスリーガ（18チーム）	137,540
フランスリーグ（20チーム）	85,150
プロ野球（12チーム）	110,000
Jリーグ（18チーム）	58,103

注：カッコ内の数字はチーム数．
出所：江戸川大学スポーツビジネス研究所［2007］．

　以上から，アメリカにおけるスポーツの国際化戦略は，国際競技力向上による国家威信の推進と，ビジネスを活用した市場の拡大の2点にあると考えられる．そして，この2つを実現するために，自由競争の国であると思われているアメリカでさえ，自由競争の制限をスポーツの発展を目的として認める必要があると考え法的整備を行っているのである．国家は，スポーツビジネスの基盤を保障し，そこで得られた収益がアメリカオリンピック委員会などに対する寄付となり競技力の向上が達成される．つまり，アメリカの国際化戦略の特徴は，このような好循環の創出であると言えるのである．

（2）中　　国

　中国におけるスポーツは，1995年に制定された中華人民共和国体育法（以下，体育法）を基に推進されている［笹川スポーツ財団 2011b］．体育法は，建国以来初めてのスポーツに関する基本法である．そして，体育法には，競技スポーツや生涯スポーツだけでなく，スポーツの経済，人事，資格，教育，宣伝，外交などスポーツに関わる内容が広範囲に規定され体系的に整備されている点に特徴がある．2011年には，体育法を基にスポーツ基本計画となる「第12期5ヶ年計画」が国会体育総局によって制定された．ここでは，競技スポーツ，スポー

ツ産業などに関する政策が制定されている．競技スポーツに関する施策としては，中国における最高の国家行政機関を構成する一機関である国家体育総局による「オリンピック・メダル争奪計画」がある．これは，2008年の北京オリンピックにおいて好成績を収めることを目標とした計画であった．実際の2008年北京オリンピックでは，金メダル58個，銀メダル21個を獲得し，獲得したメダル総数は100個にのぼった．また，2010年の広州アジア競技大会でのメダル獲得総数は，416個にものぼり，その目標は達成されたと言える．他にも，全国的に優秀な競技選手に対する奨学金システムや，それらの優秀な競技選手が引退した後の受け皿に関する政策措置も制定されており，国家として競技選手が集中して競技に打ち込める環境を準備しているのである．

このように，競技スポーツの好成績が注目を集めるとともに，スポーツ産業も順調に発展している．**表10-5**は，中国におけるスポーツ関連施策および計画をまとめたものである．

1993年に「スポーツ市場の育成，スポーツ産業化の進展の加速化に関する意見」が公布され，中国においてスポーツ産業の重要性が認識された．1994年には，「1994-1995年度スポーツくじ発行管理法」と「スポーツ市場管理の強化に関する通知」が公布され，スポーツくじとスポーツ経営をスポーツ産業の法政管理の中に組み込ませた．1995年には，「スポーツ産業発展綱要(1995-2010)」が発表され，スポーツ産業発展の指導的思想，目標，政策的措置が提起される．

表10-5　中国におけるスポーツ関連施策および計画

年	内　容
1993	「スポーツ市場の育成，スポーツ産業化の進展の加速化に関する意見」公布 第1回全国スポーツ産業業務会議開催
1994	「1994-1995年度スポーツくじ発行管理法」公布 「スポーツ市場管理の強化に関する通知」公布
1995	「スポーツ産業発展綱要（1995-2010）」発表
2000	「2001-2010年体育改革と発展綱要」公布
2006	「スポーツ産業『11期5ヵ年』計画」発表
2008	「スポーツ及び関連産業分類（試行）」発表
2010	スポーツ産業の発展に関する意見書」発表

出所：笹川スポーツ財団［2011b］を基に筆者作成．

2000年には,「2001-2010年体育改革と発展綱要」で,今後10年間のスポーツ産業の発展目標,基本的戦略,WTO加盟後の発展戦略が,2006年には「スポーツ産業『11期5ヵ年』計画」で,当該期間中のスポーツ産業の発展の原則と目標が提起されている.そして,2008年の「スポーツ及び関連産業分類（試行）」では,スポーツ産業の統計が国家統計に組み込まれることになった.さらに,2010年には「スポーツ産業の発展に関する意見書」という中国のスポーツ産業に対する権威ある初めての政策が出され,それを根拠に2011年には「スポーツ産業『12期5ヵ年』計画」が2006年の「スポーツ産業『11期5ヵ年』計画」を踏まえて発表されるのである.中国政府がスポーツ産業を重要と認識していることは,このような急激な関連法整備からも明らかであろう.

　豊富な人口を持つ中国は,ナイキやアディダスといったスポーツ関連の多国籍企業にとって魅力的な市場となる.例えば,中国のバスケット人口は,アメリカの総人口とほぼ同じ約3億人[4]と言われている.加えて,李娜（リー・ナ）選手の全仏オープン優勝に沸く中国では,フランスの3倍にあたる約1400万人が定期的にテニスをプレーしていると推定されている[5].このように,この国際的に見て突出した市場規模が多国籍企業を引き付けている.そして,中国は世界の市場となるだけではないのである.安踏（アンタ）や李寧（リーニン）といった中国のスポーツ企業は,既にアメリカに進出している.中国スポーツ企業は,国内市場だけでは飽き足らず,海外市場を取り込みつつあるのである.

　以上のように,中国の国際化戦略もアメリカと同様に国際競技力向上による国家威信の向上と,ビジネスを活用した市場の拡大にある.ただ,中国の国際化戦略は,その実施方法が国家政策の中にしっかりと組み込まれて推進されている点に特徴があると言える.

（3）日　　本
　1964年の東京オリンピック開催を控え,日本で初めてスポーツに関する法律である「スポーツ振興法」が1961年に制定された.そして,2010年に「スポーツ立国戦略」が策定され,振興法制定から50年後となる2011年に「スポーツ基本法」が施行された.「スポーツ基本法」の特徴は,「スポーツ振興法」が訓示的,非強制的,非営利的,教育目的的であったのに対し,国家の責務としてス

ポーツ施策を推進し「スポーツ立国」を目指すことが明記された点にある［横山 2012］．スポーツ立国とは，スポーツを活用して国家の威信を高めるということである．そのためには，直接的に効果がある代表選手，チーム強化が必須となる．スポーツ基本法を受けて策定されたスポーツ基本計画には，「今後，夏季・冬季オリンピック競技大会それぞれにおける過去最多を超えるメダル数の獲得，オリンピック競技大会及び各世界選手権大会における過去最多を超える入賞者数の実現を図る．これにより，オリンピック競技大会の金メダル獲得ランキングについては，夏季大会では5位以上，冬季大会では10位以上をそれぞれ目標とする」と具体的に競技力向上に関して記されている．しかし，このようなスポーツの国際化戦略は，一部の限られたスポーツ関係者以外の人々にとっては興味や関心を引くものではなかったと言う［友添 2012］．

　スポーツは，明治時代に日本に輸入された．この時，スポーツは，教育の現場に「体育」として取り入れられたため，もともとビジネスという点についてはつながりが細かった．しかしながら，グローバリゼーションが進展する中，日本のスポーツ産業の国際的な振興に資する法的な基盤作りが求められている．日本には，様々なスポーツ関連法があるものの，スポーツ産業を振興する法律は多くない．スポーツ基本法には，スポーツ産業の事業者との連携に関しての記載があるが，詳細には記載されていない．スポーツ基本法を基に制定されるスポーツ基本計画においては，スポーツ産業振興策の具体化が望まれたが，そのような記述はなされなかったのである．つまり，このことは，国家によるスポーツ産業に対する条件が整備されていないということを明示する．しかも，近年の長引く不況の影響も原因となり，前述のアメリカのように民間からの寄付を活用する強化策は難しい．このような状況の中，政府は，国民の税金を活用する形でその費用を賄うしかなく，当然ながら国民の納得を得ることが必要となるのである．

　国民の納得を得るためには，スポーツ選手自らが自らの想いを発信していくことが必要になってくると思われる．このことは，スポーツ選手が自らのプレーを続けるための資金の必要性を説明することではない．ここで発信しなければならないことは，スポーツ選手のスポーツ経験の汎用化が，日本における国際化戦略を考える根幹となり得るという点である．不況が長引き，社会保障シス

テムが崩壊し，未曾有の震災に見舞われる危機的な状況にある日本は，国民のこれまで以上の団結が求められている．しかし，このような難局においても，日本の政治は，内向きと言わざるを得ず，そのため政治が「スポーツ立国」という名のもと，スポーツ選手を手段的に利用しているとも考えられる．日本の国際化戦略を考える上で重要なのは，国家の威信を向上させるために国際大会での獲得メダル数を増加させることだけではない．ここでは，スポーツ選手が国際試合というグローバリゼーションの最前線で，ナショナル・アイデンティティの強化に貢献してきた経験を，スポーツ競技の勝ち負けだけに限定しない社会的な理解が重要となる．そのためには，スポーツ選手自らが自身の経験を汎用化し積極的に語る必要がある．このことを通して，日本のグローバリゼーションに対するイズムが確立され，国際的な国家威信を高めるという立国の基礎作りがスポーツを通してなされるのである．

注
1）具体的には，次の3つの要素を備える．1つ目は，国際的なモノの取引を自由に行う制度を整える貿易の自由化メカニズム．2つ目は，国によって貿易取引を差別してはならないという無差別主義．3つ目には，より多くの国が参加することによってより完全な貿易になっていくという，つまり一定の国の間だけで貿易を完結させないという多角主義である．
2）スポーツライターである藤島大は，ラグビーのプロ化の進行によって，選手・コーチは頻繁に国境をまたいで最新情報を共有しており「世界の誰も見たことのないラグビーは提出されない」と述べている［藤島 2007］．
3）1945年に文部省により柔道，剣道，弓道等が学校教育での実施が禁止された．1950年に文部大臣が提出した学校柔道復活についての請願書がGHQに承認され復活した．
4）日経ビジネスオンライン（http://business.nikkeibp.co.jp/article/manage/20071031/139243/，2012年7月19日閲覧）．
5）Bloomberg（http://www.bloomberg.com/news/2011-06-04/li-na-accomplishes-dream-with-china-s-first-tennis-major-at-french-open.html，2012年6月1日閲覧）．

第Ⅳ部　組織形態のイノベーション

　第Ⅳ部では，主に企業における組織文化について論じる．企業組織に必要な文化の醸成，すなわち持続可能な発展を担保する組織およびそれを形成する文化，いわば従業員のものの考え方について多面的に検討する．

　第11章では，成長する組織の意思決定のメカニズムを組織文化の観点から検討する．それは，経営者のビジョンによって変化することもあるが，自己の利益のみを追求するのではなく，人間性を重視した経営へのシフトなど，モラルや倫理観をともなった「三方よし」の理念を念頭に矜持を有する意思決定が必要なことは言うまでもない．

　第12章では，よき組織文化を醸成するためのマネジメントやリーダーシップについて論じる．著名な経営者や企業の事例研究を通して，あるべきマネジメントやリーダーシップについて明確化を試みる．

　第13章では，現在の企業活動の基軸となっているCSR（企業の社会的責任）をさらに超える，すなわち人間に対するさらなる深い理解や，障害者や多様な人材を活かす考え方である社会的包摂をいかに醸成するかに言及する．

第 11 章

意思決定のメカニズム

1. 企業における組織文化創造

(1) 意思決定とは何か

　企業行動を説明するには，経営者や従業員がなぜその行動を起こしたのか，その理由を分析する必要がある．このような行動の選択を「意思決定」と言う．例えば，何かものごとを決める際に，意識している意識していないに関わらず，何らかの原理・原則に則って意思決定を行っているものである［高橋　2006：337］．意思決定の理論には，完全合理モデルと限定された合理的モデルがある[1]（図11-1参照）[2]．この他にも，「ゴミ箱モデル」のように，実際に行われる意思決定は合理的（規範的）なプロセスを踏んでいないという理論もある［Cohen, March and Olsen 1972］[3]．この考え方は集団における意思決定は，必然的に生み出されるものではなく，①意思決定の問題，②解決策，③参加者，④選択の機会という4つの要素が偶然に結び付いた結果でしかないというものであり，結論を出すことに時間をかけることよりも，仮説と検証を繰り返していくことが大事ということを示唆する．

　意思決定を左右するのは，第Ⅰ部で言及したように，組織の文化である．企業や組織としての考え方，すなわち企業文化や組織文化が企業の成長を左右すると言っても過言ではない．例えば，和とかチームワークといった組織成員を対象にした概念や，意思決定の際の考え方の基準・基軸が組織文化を形成する．従って，企業の成長はその組織の文化で決まるのである．また，企業成長の鍵は連続したイノベーションにあるとするならば，そのイノベーションを生起せしめる成功の可能性は，文化の質によって決まるとも言える．本章では，

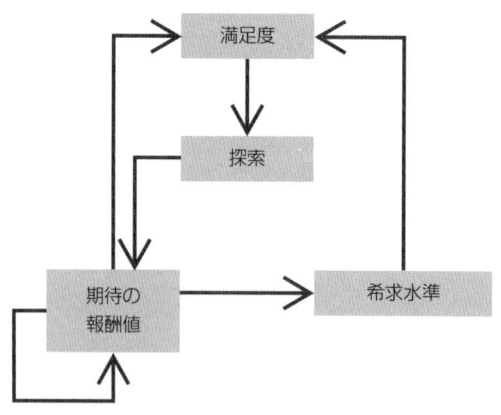

図11-1　限定された合理性モデル

出所：March and Simon [1958] を基に鈴木が作成 [稲葉・井上・鈴木ほか 2010：155].

企業成長の重要なファクターであるイノベーションを起こすために必要な文化の創造について論じる．

（2）組織文化とは何か

第1章で触れたように，組織文化とは，組織の中で，それを構成する人々の間で共有された価値や信念，あるいは習慣となった行動が絡み合って醸し出されたシステムである．また，「個々の組織における観念的，象徴的な意味のシステム」[佐藤・山田 2004：51] でもある．つまりは，組織に属する人たちの行動の方向性を決定する潜在的な力を指す．従って，組織文化が企業の方向性や成長の可能性を左右すると言っても過言ではない．しかし，実際の企業における文化生成は経営者のビジョンや経営理念，経営哲学が基礎となる．いわゆる企業トップの考え方や行動が文化生成に大きく影響する．稲盛は，「経営理念や経営哲学を従業員と共有するためには，トップの言動，行動が，理念と矛盾しないことが何より大事」であると言い，「利益至上主義に陥り，不祥事を起こす企業が後を絶たないのは，トップが矛盾した言動，行動をとっているからにほかな」らないと言う [稲盛 2008：12]．そして，経営理念や経営哲学は，その「企業の風土や文化をつくり出」すと指摘し，さらに「その理念に基づいて

働くことが，会社にとっても，従業員の人生にとっても素晴らしい」ことであり，「そのような企業文化をつくることができれば会社は飛躍的に伸びていける」と主張する．

このように，トップ自らが組織の方向性を示すと同時に，組織成員の考え方の基礎とも言うべき組織文化について語ることは，企業の持続可能性を担保できると考えられる．

（3）いまどうなっているのか

例えば，後述する CSR の気運が高まった背景には，グローバル化の潮流により，より経済合理性を追求する組織が求められた結果，顧客の安全安心はもとより，社会全体に対する企業の責任感が希薄になったということがある．すなわち，企業の非倫理的行動である．いくら組織構成員（従業員，職員）個々の倫理観，道徳観，正義感と職務執行能力が高くても，経営トップの指し示す方向が間違っていれば，その高い職務執行能力故に組織全体が間違った方向に行ってしまうというジレンマに陥る可能性が十分にあると認識する必要がある．

では，組織文化はどのような過程を経て，またどのような機会によって作られるのであろうか．レヴィンは，物理的な要素からなる環境，物理的な世界に対して，心理的な環境を考えた．それが，職場などの生活空間 (life space) である［桑田・田尾 1998：184］．そこから，その状況をより全体的に捉えて，その状況と組織の成果や満足，モチベーションなどとの関係を分析するための概念として組織風土が考案された．組織風土とは，組織の中で個々のメンバーが，どのように自らの仕事や職場集団，組織を見ているかであり，換言すれば，自らの組織がどのようであるかを認知することである．これは，メンバー間の分散が小さくなればなるほど明瞭な形をとり，ただ認知されるだけでなく，モノとして（物理的なモノではなく，社会的なモノとして）個々のメンバーに共通するような枠組みを提示し，それぞれの判断や行動に影響を及ぼすようになる．それが，組織文化のプロトタイプである［桑田・田尾 2004：186］．共有された知覚は，特定の方向付けが明示されるほど共有された仮説に転じる．つまり，組織風土は，やがて組織文化となってメンバーの行動を制約する．

強い文化を育てることは，難局にあっては全員が一丸となってことに当たる，ということが可能になるなど経営管理を容易にする．

（4）組織文化生成のプロセス

組織文化生成の要因は，桑田，田尾によると5つ存在する．1つ目は，近接性である．互いが近くにいるという物理的効果である．2つ目は，同質性である．メンバーの性や年齢，学歴，趣味や関心が似通っているほど分散が小さくなり，強固な文化が形成される．3つ目は，相互依存性，4つ目はコミュニケーションネットワークであり，情報の流れを過不足なく全体に行き渡らせるネットワーク形成によって明瞭な文化が形成され，分散が小さくなると言う．そして，5つ目が帰属意識の高揚である（図11-2）．これに，スポーツが大きな役割を果たしてきたのである．自分の会社の野球やサッカーのチームを応援することも会社へのアイデンティティを高めることとなり，メンバー間の分散を小さくするのである．

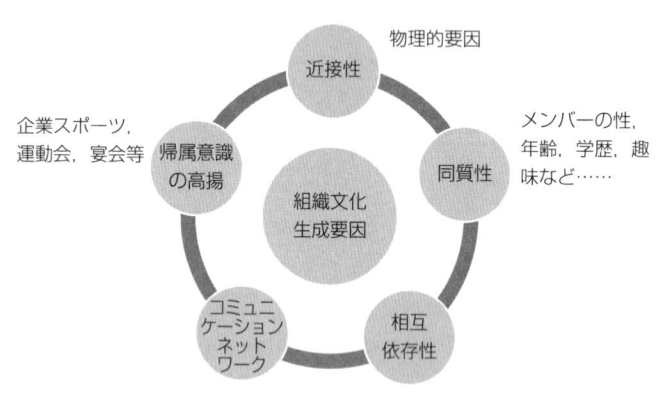

図11-2 強い組織文化生成の要因

出所：桑田・田尾 [2004：190-94] を基に筆者作成．

（5）何が問題か

このように，組織文化が成り立つためには，メンバー相互の暗黙の合意や価値や信念の共有が不可欠である．組織文化形成に必要な考え方は，メンバー間

の共感を醸成することである.

　しかし,問題は,組織文化は,組織が正しい方向性を持たないと社会的にもその組織にとっても意味をなさないというところにある.また,あらゆる組織は社会の変化によって変わっていかなければならない側面もある.近年の組織文化の課題は,「社会との折り合いをいかに果たすか,さらに言えば,社会に対していかに貢献するか,あるいは,貢献できるように組織の文化を刷新するかという」[桑田・田尾 2004：199]点にある.従来は,資本主義社会においては,組織はその生産性や能率の観点からのみ理解と評価がなされてきた.ステイクホルダーの中でも,直接利益に関わる顧客や取引先は自治体から支持を得ようとしていた.しかし,過度の経済合理性を追求するあまり,いくつかの企業は非倫理的行動をおこし,社会に対するダメージを与えると当時に当事者もダメージを受けることとなった.

　前述のように,組織は社会情勢によって変化していかなければならない.ところが,組織文化は変化しにくい側面を持つ.そのギャップをうまくマネジメントしないと組織は生き残っていけないのである.

(6) 管理道徳

　組織は,社会の価値観の変化によって変えていかなければならないところと,変えてはいけないところを認知する必要がある.現在,企業は普遍的な価値への対応,すなわち社会全体利益への貢献が求められている.環境問題への取組や消費者への責任ある行動が,組織文化や企業文化においては不可欠の要素と考えられるようになった.「管理道徳(managerial ethics)」の組織文化の中への組み込みである.

　組織文化が社会的要請にそぐわなければ,そこには変革が必要となる.それは,従来必要とされてきた効率や能率に加えて,道徳や倫理といった価値を基軸にする変革である.そして,物理的環境を変更することにより,組織行動の変更を誘導し,新たな組織文化の醸成につなげていくのである.その過程では,組織トップがフォロワーとのコミュニケーションを大事にして,価値や信念の共有といった共感をいかに創出できるかがポイントとなる.シャインによると,組織文化の形成・変容に最も大きな影響を与えるのは,リーダーシップで

ある［桑田・田尾 1998：281］．トップが組織の進むべき方向性というビジョンを打ち出すことが重要なのである．

2．ビジョンの重要性

（1）ビジョンの必要性

　組織は，そもそも何かを達成しようとする目的があるからこそ存在している．経営者やビジネスリーダーにとって最も大切なことは，ビジョンを描き，それを明確に示すことで，社員に仕事への目標や希望を持たせることである．目標設定，戦略，組織化などは，経営者ビジョンによってその方向性が決定する．

　企業における組織の目的とは，基本的に「利潤を上げること」，またそれによって持続可能な発展をとげることである．しかし，これだけで企業組織が存在する意義を説明することは不十分である．たしかに，利潤を上げなければその組織は存続し得ないが，もし，「利潤」や「経済合理性」だけが組織の目的であるとすると，そのための手段や方法は何でも良いということになってしまう．例えば，1980年代後半から1990年代におこったバブル経済下では，地価の高騰によって地上げが横行し，株価も高騰するといった投機ブームがおこった．多くの企業は，本業に投資するよりも土地への「投機」によって「浮利」を求めた結果，バブル崩壊後は莫大な負債を抱えることになったのである．このように，企業には，「本業」の発展を通じて従業員の幸せのみならず社会の発展を志向する考え方が必要となる．「世界一の製品をつくりたい」，「自社の製品で世の中の豊かな暮らし作りに貢献したい」という会社を設立した人々は，実現したいビジョンを持っている．リーダーの示すビジョンにより目的が定まるからこそ，組織の存在意義が明確になる．

　企業組織が事業をおこそうとする時，まず経営者のビジョンを従業員やステイクホルダーに明示する必要がある．それによって，その組織のミッション（使命・目標）が明らかになり，そのミッションを達成するための戦略が必要となる．さらには，その戦略を進める上で，最適な組織が作られる（図11-3参照）[6]．

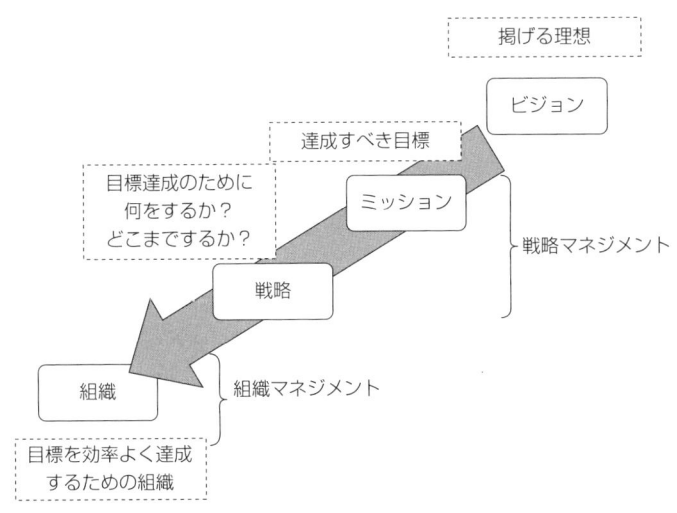

第11章　意思決定のメカニズム　　*157*

```
                                    ┌──────────┐
                                    │ 掲げる理想 │
                                    └──────────┘
                                         │
                                    ┌────────┐
                                    │ ビジョン │
                  ┌──────────┐       └────────┘
                  │達成すべき目標│
                  └──────────┘   ┌────────┐
  ┌──────────┐                    │ミッション│
  │目標達成のために│                └────────┘      ┐
  │何をするか？  │                                 │ 戦略マネジメント
  │どこまでするか？│        ┌──────┐                │
  └──────────┘           │ 戦略 │                ┘
                          └──────┘
            ┌──────┐
            │ 組織 │           組織マネジメント
            └──────┘
  ┌──────────┐
  │目標を効率よく達成│
  │するための組織　│
  └──────────┘
```

図11-3　ビジョン，ミッション，戦略，組織の関係

出所：山本［2005：36］を筆者が加筆修正．

（2）ビジョンと経営戦略

　経営戦略は経営の基軸ではあるが，その出発点はビジョンである．ビジョンとは，リーダーや経営者の思いや夢といったものであり，組織に対して指し示す方向性である．組織が最終的に目指したい姿であり組織の存立目的ともなる．「事業を通じてお客様の幸せに貢献する」，「企業としての活力で地域社会の発展に貢献する」といったコピーがあるように，最近では，「本業（自社製品）で社会に貢献する」という企業が多くなってきている．スポーツ産業では，「スポーツを通じた国民の健康，文化の育成とその成長に資すること」［山本 2009：67］となる．

　経営戦略においてまず明確にされなければならないもの，それがビジョンであり，そのビジョンを現実のものとして体現するためには，組織としてどういうミッション（使命）を達成すべきかが明確に定義されなければならない．山本は，「誰がステイクホルダーであり，そうしたステイクホルダーに対して，自らのミッション（使命）を提示して賛同，支援を受けることが必須であ」り，「企業のステイクホルダーは，株主，顧客，従業員，社会の四者が考えられ，

企業経営者の務めは,この四者のステイクホルダーの満足度の同時達成である」[山本 2009：68] と言う.株主に対しては,投資リスクに応じたリターンの要求を満足させ,顧客にはサービス提供を通じた満足を,従業員にも成果に応じた評価や給与を,さらには社会にも何らかの形で貢献するなど,ステイクホルダーの異なる要求にバランスよくこたえ続けることが,短期的だけでなく中長期的にも企業成功のための条件となる.企業戦略は,ビジョン,ミッションが明確になって初めて機能するものなのである.前項でも示したように,組織文化は企業の成長の中で作られていくものであり,言わば企業戦略を推進していく上で正しい価値観を共有した組織文化がないとその組織は正しく機能しないし,戦略も正しく遂行されないのである.

(3) 事例：パナソニックの場合

パナソニック（創業時,松下電器産業）の創始者である松下幸之助氏は,「社員に夢を持たせない経営者は失格である」という強い言葉で,経営者の役割を強調している（図11-4）.松下氏は,「産業人の使命は,便利な製品を大量生産し

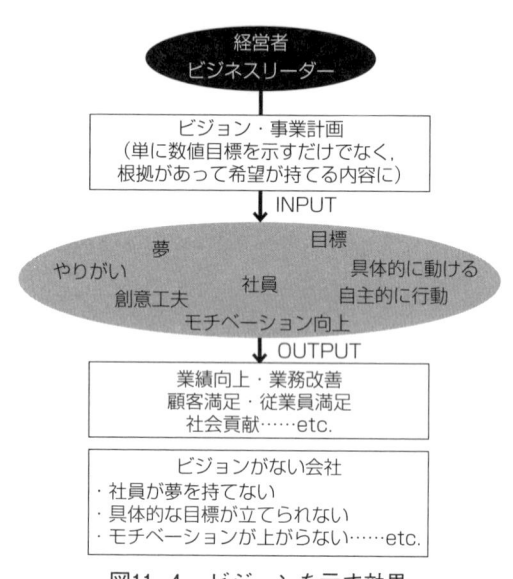

図11-4 ビジョンを示す効果

出所：佐藤 [2009：19].

て安価で販売し，物資を豊かにすることで世の中から貧困をなくし，人々の幸福に寄与していくことである」[佐藤 2009：76]とする，いわゆる「水道哲学」[7]という理念を昭和7（1932）年にかかげ，同時に「250年計画」も発表した．昭和初期の物のない時代に，一軒でも多くの家庭に電化製品を行き渡らせよう，電化製品の便利さをより多くの人々に体感してもらい，幸せになってもらおうとするこのビジョンは，従業員のプライドを育て，その後の多くの苦難を乗り越える指針となったのである．

（4）事例：京セラの場合

　京セラの創業者は，稲盛和夫氏である．企業発展の重要な要素である経営資源は，一般的に，人，モノ，金と言われるように，人材や商品，設備，資金といった目に見える資源であると考えられている．ところが，稲盛氏は「企業経営の目的を表す経営理念や，その企業が持つ経営哲学といった目に見えないものも，見える資源と同等に，企業が繁栄し，存続していく上で，欠かせない重要なものである」と言う[稲盛 2008：11]．また，「会社経営において，トップはまず，何のために会社があるのか，またそのためにはどういう考え方が必要かを明確にし，従業員に示し，共有してい」くことが重要であるとも言う．そして，経営理念については，「従業員の幸福を追求する，社会の発展に貢献するといった目的を示せば，従業員は心から仕事に打ち込むようになる」と指摘する．さらには，「経営理念や経営哲学を従業員と共有するためには，トップの言動，行動が理念と矛盾しないこと」が必要であり，「経営理念や経営哲学は，その企業の風土や文化を作り」，「その理念に基づいて働くことが，会社にとっても，従業員の人生にとっても素晴らしいこと」であり，「そのような企業文化を作ることができれば，会社は飛躍的に伸びていくことができる」とする．

　従業員を大事にする経営という耳に心地よいこの言葉は，どのようなプロセスを経て実現するか．どのような方法論で人材は育てられるのか．稲盛氏は，自分と同じような意識を持った人材を育てたいと思い，「アメーバ経営」という経営手法を考え出した．アメーバ経営とは，会社をアメーバと呼ばれる小集団に分け独立採算制度により運営する手法である．その小集団のリーダーには，例え十分な経験はなくともまじめで将来性のあるものを選び，リーダーと

して任命し，部下を何名か付ける．これによってリーダーたちは，従業員として「してもらう」立場から，リーダーとして「してあげる」立場となる．また，例え小さな組織でも，リーダーは自部門を守らなければならないので，自ら事業計画を立て，その達成に向かって部下をモチベートする中でリーダーとして成長していくのだと言う．

このように，京セラの経営は人の能力を信じた人材教育がベースとなっているのである．

以上の事例からもわかるように，組織のトップのビジョンの大きさと，正しい方向性が組織に正しい方向性を示唆し，人を育て組織の持続可能性を担保するのである．

3. 人作りのための意思決定

(1) 人と組織の本質——人間を尊重する——

組織の意思決定は，「どれだけの人，モノ，金があるか」という経営資源の量と質を知ることと，自分たちの得手・不得手を見つめ直し，その判断が自分たちの会社の風土や組織能力に合っているかを認識した上で行う必要があると言われる．「組織における価値創造とは，組織成員が他者との関係性の中で多様な経験を意味付け評価し，自らの内面に取り込んでいくプロセスであり，そこでは組織成員の主観・価値観が重要な意味を持つ」[野中・遠山・平田 2010：vi] という指摘もあるように，組織を考える上で最も重要なことは，人間をどう見るかである．前項で概観した一流と言われる経営者には，人間の能力を信じ，その経営者の理念や哲学，ビジョンによって従業員が動機付けられるという考え方が共通していた．そして，その人間性重視の考え方が強いチームワークを生み，望ましい組織文化の創造へとつながる．「組織が置かれている社会的な環境，さらにその環境の中にある組織そのもの，さらに組織を構成する最小単位としての個人の間のつながりというものをどう捉えるかによって，組織を動かすための方法論や仕組みが変わってくるから」[野中 2009：179] である．すなわち，従業員を企業組織の歯車と見るということではなく，それぞれ人間としての「個性」という観点で認め合い，自律的で創造的な存在として個を認め

合う組織を作ることで，個人の意欲や貢献の度合いは大きく違ってくるのである．

　これまで企業の経営を分析する際には，科学的な方法論によって何らかの法則を見つけようとするやり方が主流であった．この方法論は企業経営の基本とするべきであるということには異論はない．しかし，「科学的であろうとすればするほど，捉えどころのない個々の人間の意志や価値観といったものの働きについては，対象の外とされて軽視されがち」[野中 2009：180]であること，また，「実際の経営の現場においては，方針を立てるのも実行するのも人間であり，そこでは時として，理屈を超えた人間の不屈の意志が，不可能とも思える状況を乗り越え大きな成果をもたらすこともある」[野中 2009：180]ことから，人間の可能性に注目することが重要とある．さらに，最近のようにめまぐるしく状況が変化する世の中においては，過去の延長から将来を予測することはできない．そのような状況においては，「時間をかけて過去もしくは現状を細かく分析して導き出される経営方針よりも，人間の洞察力や創造性，適応力といった特質を生かした経営のあり方が求められている」[野中 2009：181]のである．

　このように，組織における意思決定には，客観的データや科学的分析を活用すれども，考え方の基軸には人間の可能性重視という考え方が存在しなければならないのである．

（2）人の創造性を活かす

　組織の本質については，「組織は人なり」という表現が多く使用される．「人間は無限の可能性を持ち，組織はそれを引き出し大きく発展させることができる」との確信が一般的にあるからである．「そのためには，人間を人間らしく処遇し，尊重するだけでなく，組織の社会的な存在意義を追求する経営のあり方が求められている」[野中 2009：255]のである．

　人を動かす上では，その人間の主観性や価値観に違いがあることを前提とした上で，組織を考えた方が自然であろう．異なる主観や経験を持つ人と人との間の結び付きが，お互いの違いを乗り越えようとして新しいものを生み出す原動力になるのである．

ホンダの技術研究所やYKKの機工部などには,「個人は異なる」ということを前提に,組織の地位や権限に関わらず徹底的に意見を戦わすことを許容する企業風土がある. トヨタの「カイゼン」[8]のように,もともと日本企業においては,現場の人間の個性を尊重することで,潜在的な知識を気付きにより引き出し活用することを得意としていたのである［野中 2009：188］.

（3）判断の基準
　これまで,企業や経営者の意思決定には人間性重視の考え方が重要であり,それが強い組織を形成する文化の醸成につながるということを確認した. 1990年代におこったバブル経済崩壊後,多くの経営者がそれまでの人間性重視の経営から,株主価値重視という経済合理性を重視した経営にシフトした. その中の1つの手法として成果主義が挙げられるが[9],その方法で成功した企業は少ないのではないだろうか. その理由は,「成果」とは何かという定義や合意がなく,単なる経済合理性に基づく,簡単に言えば,売上高やコストダウン額とか客観的な数字で表すことができるものだけがその評価基準となったことにある. それによって,チャレンジングな目標を立てて努力するとか,裏方に回ってサポートするという文化が消滅した. さらには組織間の隙間に生じた問題の解決,いわゆる「ポテンヒット」を出さない,自分の仕事でなくても気付いたものが問題を指摘し解決するという文化が消えていったのである. 人間の成長なくして企業の成長なしという人間性を重視した日本的経営を否定する傾向は,企業の非倫理的行動にも結び付いていくのである.
　成果主義によって,社員のモチベーションを上げようと思っても高まるものではないと言う［稲盛 2008：41］. 成果主義における問題の本質は,短期的な経営実績,平たく言うとお金だけが企業における成果の判断価値であることにある. 人間の可能性,例えば意欲による潜在的能力の発揮やチームワークによる生産性の飛躍的向上,または業務改善活動をシステム化した「カイゼン」への取り組みなどを見ても,多くの名経営者は人間の可能性を最大限活かすことが経営における肝であるという認識を持っているのである.
　このように,リーダーにおいては,自己の利益のみを追求するのではなく社会の利益も考える,モラルや倫理観を伴った「三方よし」(図11-5)[10]を念頭に

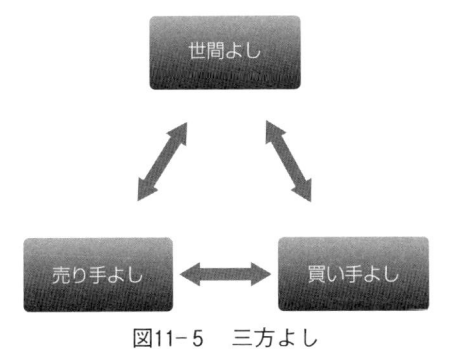

第11章　意思決定のメカニズム　　163

図11-5　三方よし
出所：筆者作成．

置いた意思決定が必要となるのである．そして，正しい方向性を持ったリーダーを推薦する組織は強い．

注

1) 完全合理モデルは次のプロセスを経て行われる．① 意思決定の問題を認識する，② 意思決定の判断基準を特定する，③ その判断基準を比較する，④ 選択肢を考える，⑤ それぞれの案について判断基準に照らして評点を付ける，その上で，⑥ 最適な選択肢を選び，決定をする [稲葉・井上・鈴木ほか 2010：147-48]．
2) 限定された合理的モデルは，完全合理モデルはビジネスの場では現実的ではないということで，制約された状況における意思決定を前提とした（情報が制約されていること，選択肢・解決策が逐次検討されること，そして，その選択肢で満足かどうかが基準であることが限定されている）モデルである [稲葉・井上・鈴木ほか 2010：153-55]．
3) 稲水 [2012：1] によれば，Cohen, March and Olsen [1972] が提唱した「ゴミ箱モデル」は，実際に行われる意思決定は合理的（規範的）なプロセスを踏んでいないと言う．そして，基本的には，意思決定の要素として「選択機会（会議の場）」，「参加者」，「解」，「問題」の４つを指摘し，意思決定を行う場面は，ゴミ箱のように絶えず色々なモノが出たり入ったりして，最終的に期限になった時の状況で意思決定が行われると言う．
4) 桑田，田尾は，さらに「メンバーである以上，誰もがその影響を受けている．新米のメンバーは言わず語らずの内に，その文化の影響を受けて，その組織人らしくなる．（中略）しかし，組織文化を内面に取り入れて同一化してしまえば，意識的な行動として表出されることはなくなる．（中略）潜在的ではあるがその影響力は大きいと言わざるを得ない」と指摘する [桑田・田尾 2004：188]．

5）リットビンとストリンガーによれば，組織風土とは，「組織システムの要因とモチベーション性向の間に介在し得る1つの媒介変数であり，一連のモチベーションのグループに対する状況的なモチベーション影響力の累積的な記述を表すもので，究極的には，それは，状況変数全体の軽量化，あるいは，むしろ，そのダイアグラムを提供することを意図した概念である」とされている［桑田・田尾 1998：185］．

6）組織と戦略の関係については永年議論されてきた．それは，「組織は戦略に従う（チャンドラー）」のか「戦略は組織に従う（アンゾフ）」のかという議論である．波頭は，「人とか組織というものには慣性が働き，変革を嫌い，どうしても現状維持的，保守的になってしまう．従って，大きな変革を伴うダイナミックな戦略を排除してしまう傾向がある」［波頭 1999：23］ため「組織は戦略に従う」という考え方が妥当であるとする．

7）水道哲学とは，松下幸之助氏自身の経験から導き出された理念である．ある時，道行く人があまりの暑さに道端の水道の栓を無断でひねって飲んでいるのを誰もとがめない．これを見た幸之助氏は，「これはなぜであるか．それはその価があまりに安いからである．なに故に価が安いか，それはその生産量があまりに豊富であるからである（中略）．ここだ，われわれ実業人，生産人のねらい所となる真の使命は，すべての物資を水のごとく無尽蔵たらしめよう．水道の水のごとく価の廉ならしめよう．ここにきて貧は征服される」［野中 2009：149-150］と語ったと言われている．

8）カイゼンとは，いわゆる「改善」のこと．カイゼンと表記すると，主に製造業の生産現場で行われている作業の見直し活動のことを指し，作業効率の向上や安全性の確保などに関して，経営陣から指示されるのではなく，現場の作業者が中心となって知恵を出し合い，ボトムアップで問題解決を図っていく点に特徴がある．この概念は海外にも「kaizen」という名前で広く普及し，特にトヨタ自動車のカイゼンは有名．トヨタ生産方式の強みの1つとして高く評価されている（「カイゼン」(http://www.weblio.jp/content/%E3%82%AB%E3%82%A4%E3%82%BC%E3%83%B3, 2012年7月19日閲覧))．

9）成果主義とは，人事評価の際に，従業員の労働意欲や潜在能力よりも，仕事による成果を重視する考え方．人事評価の基準は，①経験や知識などの潜在的な能力，②労働意欲，③行動，④職務内容，⑤成果などが考えられる．成果主義とは，この内⑤成果を重視した考え方のこと（http://www.nri.co.jp/opinion/r_report/m_word/seika.html, 2012年6月10日引用）．

　これを推進した結果，数値に出にくい貢献については評価されず，社員モラルの低下を招いた．また，数値化困難で長期的なメリット数値化困難で長期的なメリットにつながる顧客との良好な信頼関係構築や業務環境のカイゼン，部下の育成など，数値化が難しい要素への貢献は軽視されるようになった［野中・遠山・平田 2010：332］．

10）近江商人の行商は，他国で商売をし，やがて開店することが本務であり，旅先の人々の信頼を得ることが何より大切であった．そのための心得として説かれたのが，売り手よし，買い手よし，世間よしの「三方よし」である．取引は，当事者だけでなく，世間

のためにもなるものでなければならないことを強調した「三方よし」の原典は，宝暦四（1754）年の中村治兵衛宗岸の書置である（http://www.shigaplaza.or.jp/sanpou/mini_info/ohmi_businessman.html＃1，2012年6月11日閲覧）．

第 12 章

イメージのマネジメント

　組織運営には2つの方法論があると言われている．マネジメントとリーダーシップである．マネジメントには「管理」というイメージがあり，それは間違いではないが，単なる「管理」では人間の可能性を引き出すことはできない．意欲を引き出し，示されたビジョンに向かって力強く組織が進むためには，個人の顕在化した能力だけでなく，個人が持つイメージをうまく引き出し，組織活動にアジャストさせる必要がある．それを可能にするためには，マネジメントの本質を理解したリーダーとリーダーシップが必要となる．リーダーの役割については前章で若干論じたが，本章では，この2つの組織運営方法の比較と，これらの使い分け，あるいは有機的に連関させることによって実現する，より効率的な組織運営について検討する．

1. マネジメントとは何か

（1）マネジメントの定義

　マネジメントは，辞書では「うまくやること」という曖昧な定義がなされているが，ビジネスの世界では最も一般的に使用されている概念である．管理すると訳されることもあるが，マネジメントの概念は多様に使われている．チームのマネジメント，時間のマネジメント，場のマネジメントなどである．このマネジメントの概念を整理し，一般化に貢献したのがP.F.ドラッカーである．

　ドラッカーによれば，マネジメントとは，一般的に目標，目的を達成するために必要な要素を分析し，成功のために手を打つことである．ドラッカーはもともと，「ヒトはどうすれば幸せになるか」を考えていた．「ヒト」には「個人

としてのヒト」と「社会的存在としてのヒト」があるが，ドラッカーの問題意識は後者にあった．

（2）ドラッカーのマネジメント

ドラッカーはマネジメントに言及する前に，企業や事業，顧客の定義が必要であると指摘している．企業とは，経済学者を初め多くの人々は，「営利組織」であると答えると考えられるが，ドラッカーはそれは的外れだと言う．利益は必要だが，それは条件であって目的ではなく，企業活動や意思決定においては妥当性の判断となるもので，企業の存在意義，理由，根拠ではないと指摘するのである．また，このような混乱は，利潤動機によって人の行動を説明できるとする古典的経済学が原因であり，利益と社会貢献は矛盾するとの通念を生んだことを見ても明白である．ドラッカーによると，企業は，高い利益を上げて初めて社会貢献を果たすことができると言う．

次に，自社の事業とは何かを定義する必要がある．その出発点となるのは，顧客の定義である．そして，事業の目標設定において中心となるのはマーケティングとイノベーションである．なぜなら，顧客が代価を支払うのは，この2つの分野における成果と貢献に対してだからである．

マーケティングの目標は，製品や新たな市場・流通チャネルや信用供与など複数存在する（表12-1）．マーケティングについては，工場から生み出される製品を潜在的顧客購買者に売り込む段階から情報化時代の消費者指向の段階を経て，現在は，企業が消費者中心の考え方から人間中心の考え方に移行し，収

表12-1　マーケティングについての目標

	目標
①	既存の製品についての目標
②	既存の製品の廃棄についての目標
③	既存の市場における新製品についての目標
④	新市場についての目標
⑤	流通チャネルについての目標
⑥	アフターサービスについての目標
⑦	信用供与についての目標

出所：Drucker [1974：邦訳 29]．

表12-2　3種類のイノベーション

	内　容
①	製品とサービスにおけるイノベーション
②	市場におけるイノベーションと消費者の行動や価値観におけるイノベーション
③	製品を市場に持っていく間におけるイノベーション

出所：Drucker [1974：邦訳 32].

益性と企業の社会的責任がうまく両立する段階に移行していると言われている．この状態を，コトラーはマーケティング3.0という言葉で表している[Kotler, Kartajaya and Setiawan 2010：邦訳 17].

また，イノベーションには，どんな企業にも3つ存在する（表12-2）．イノベーションとは，「変革」と訳され，連続性のない改革，既存の問題の延長線で考えるのではなく，まったく別の価値観軸で問題解決を実施するものである．イノベーションの戦略もまた「我々の事業は何か，何であるべきか」との問いから始まるとドラッカーは指摘する［Drucker 1974：邦訳 268］．

マーケティングやイノベーションの観点から言えば，製品中心から消費者指向のマーケティングに移行している状況の企業がほとんどで，マーケティング3.0のレベルまで到達している企業は少ない．例えば，スポーツ用品メーカーは，競技スポーツをする人向けに商品を製造，販売していると答える．これでは，マーケティング1.0のレベルに過ぎない．消費者が，果たしてそのメーカーの商品をスポーツをするために買っているのか，それともファッションとして買っているのかによって戦略を変え，マーケティング2.0に近付くのである．さらに，マーケティング3.0に近付けイノベーションをおこすためには，顧客のマインドやハートなど全人的ニーズを捉える必要がある．そのためには，従業員の顧客視点と想像力が必要になる．そして，その想像力，イマジネーションをマネジメントに活かすことが重要となるのである．

（3）イメージとマネージ

ラグビートップリーグに所属する，コベルコスティーラーズGMの平尾誠二氏は1980年代を代表するラグビーのプレーヤーであり，スポーツには「イン

テリジェンス」があるという考え方を一般化させた人物である．平尾氏は「人間が持つイメージ力をコントロールすることは，選手としてもマネジャーとしても高いパフォーマンスを実現させる」［平尾・松岡 1996：6-17］と言うのである．

　ある人間が持つイメージ力（想像力）は無限であり，これをマネジメントすることは簡単ではないと思われるが，この大きなものをマネジメントして初めて，模倣不可能なチームビルディングが可能になる．つまり，「イメージはマネージされた時に加速する」という考え方は当時，多くの人々に支持された．
　また，チーム作りにはコミュニケーションが重要であり，それは「物事を進めていく上では，原理原則みたいなものまではっきりさせなきゃいけないという考え方」があり，「その次の作業として，その原理原則をみんなに理解してもらう．それがコミュニケーション」［平尾・松岡 1996：126］であると言う．そして，このコミュニケーションにおいて大切なものは「タイミング」であるとする．「相手が引いている時ではなく，ちょっと前に出てくる時がそのタイミングであり，そのためにはフォロワーに知りたいという欲求を持たせること，すなわち誘発することが重要である」［平尾・松岡 1996：126］と指摘するのである．
　このように，個人の力を引き出す方法論の一例として，個人のイメージ力をマネージする方法がスポーツの世界では行われてきた．実際の産業界においても，人間の顕在的な力のみならず，このようなイメージ力などの潜在的な能力を引き出す力を活かすことは不可能ではない．ドラッカーも「組織に特有の使命」を果たすためにマネジメントはあると指摘するように，スポーツ産業のミッションは何か，事業は，成果は何かを追求し明確にすることができれば，組織能力を高める力を有するスポーツを商材としているスポーツ産業は，他の産業をリードする可能性を多分に有しているのである．
　今までのスポーツ産業論は，「商材としてのスポーツ」を論じることが主流であったが，本来は，スポーツのこうした人間の持つ多様な力を余す所なくマネジメントできる部分を照射し，これを基にして，次章で検討する企業の社会戦略と融合させた企業論，組織論を展開すると，持続可能な発展の道筋が見えてくると考えられる．すなわち，スポーツ産業におけるマネジメントの目標は，

スポーツの振興と高度化,そして自社の利益目標を達成することである.そして,これらの課題をいかに実現するか,あるいは検証,解説,実践するかを考え続けることが,企業としての競争優位を獲得できることにつながるのである.

(4) マネジメントはリーダーシップとフォロワーシップの協働

マネジメントは,企業にとって基礎的な資源であると言える.マネジメントを実際に行うのは,マネジャーと呼ばれる人々である.では,マネジャーとは何か.その定義はかつて「人の仕事に責任を持つもの」とされた.しかし,現在では,「組織の成果に責任を持つもの」とされる.その仕事は,①目標を設定し,②組織し,③動機付けとコミュニケーションを図り,④評価測定を行い,⑤人材を開発するというものである [Drucker 1974: 邦訳 129].しばしば,マネジャーとリーダーは区別されることが多いが,日本の通常の企業では,マネジャーにもリーダーとしての資質が求められる.ミッションは違っても,マネジャーのポストにある従業員は,メンバー(フォロワー)を指導し,育成し,組織をまとめる責務を負う.また,メンバーを引っ張るだけではなく,メンバーの協働を生み出すというミッションも有するのである.

2. リーダーシップ

(1) リーダーシップとは何か

一般的に,リーダーシップとは,変革を押し進める機能であり,マネジメントとは効率的に組織を運営する機能であるため,コッターなどは,異なる機能であると捉えている [グロービス・マネジメント・インスティチュート 2002:178].しかし,グローバル化の進展やIT技術の飛躍的な発展により,企業を取り巻く環境は予測しにくく,複雑になっている.その中で,変化に対応するにはリーダーシップが,複雑な環境に対応するのはマネジメントの能力が不可欠である.経営者やマネジャーは,当然両方の能力を兼ね備えていることが求められる.

リーダーシップとは,一般的に「リーダー(指導者)として共通目的のために組織をまとめあげ,成員(メンバー)に働きかけ,その目的を実現させるこ

とのできる人たちの役割と能力」[寺岡 2010：7] と定義されるが，従来から百人百様の考え方があり，様々な定義が試みられてきた [桑田・田尾 2004：231].

前章では，組織ビジョンがいかに重要であるかを検討したが，それをいかに描いていくのか，そのビジョンに向かってリーダーはフォロワーをいかにして導いていくのかという命題の検討が必要になる．まずは，リーダーシップの先行研究を概観し，それらの検討を通してあるべきリーダーシップについて考える．

（2）リーダーシップ研究

リーダーシップについての研究は古くからなされている．1950年代には，オハイオ研究として知られるリーダー行動に関する報告では，因子分析によって2つの主要な次元が明らかにされた [桑田・田尾 2004：232]．1つは配慮（consideration）で，メンバー相互に生じる緊張やストレスを和らげ解消し，人間関係を有効的に保つように働きかけるような行動であり，他の1つは，体制作り（initiating structure）で，これはメンバーの様々な関心の行動を，集団目標の達成に向けて1つの方向に向けて動員し，効果的に統合するような行動である（図12-1）．

同時期に行われたミシガン研究と呼ばれる研究においても，類似の行動次元

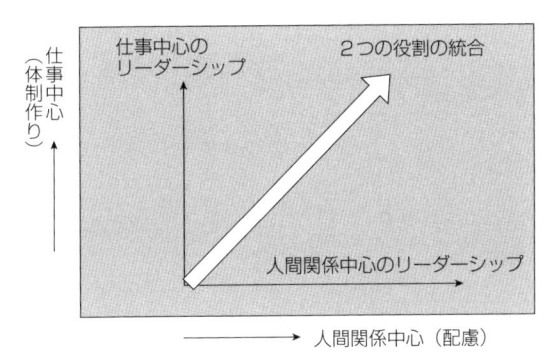

図12-1　リーダーシップの二次構造論
(オハイオ研究，1950年代)

出所：桑田・田尾 [2005：233].

が提示された．1つは現場で働いている人に関心を向け，彼らの福利を重視する従業員指向（employee oriented）であり，他の1つは，職場集団がいかに効率を高め生産的であるようにするかに関心を向ける生産性指向（production oriented）である．前者は，オハイオ研究の配慮次元に，後者は体制作り次元にそれぞれ対応している［桑田・田尾 2004：233］．

　1960年代に発表された，三隅によるPM理論も同じ流れに属する．PMというのは，集団機能の概念であり，P（Performance）すなわち集団の目標達成機能と，M（Maintenance）すなわち集団維持機能を指す［三隅 1966：117］．

　野中は，「リーダーシップには賢慮型が必要である（フロネシスフロネティック・リーダーシップ）」と言う．フロネティック・リーダーシップの6能力とは，①「善い」目的を作る能力，②場をタイムリーに作る能力，③ありのままの現実を直観する能力，④直観の本質を概念化する能力，⑤概念を実現する能力，⑥実践知を組織化する能力，である．そして，循環させる，例えば，個別具体の文脈で「ちょうど（just right）」の解を見付ける能力であったり，個別と普遍を往還しつつ，熟慮に基づく合理性とその場の即興性を両立させる能力である．すなわち，動きながら考える「行為のただ中の熟慮（Contemplation in Action）」や「文脈に即した判断と適時・絶妙なバランス（Contextual Judgment & Timely Balance）」が可能な人材が，これからの社会におけるリーダーとして必要な資質であると言える．

　波頭［2008：91］は，リーダーシップの発現を規定するのは，リーダーシップコア，チームケミストリー，タスク特性，組織特性という4つのファクターであると言う．その中でも，リーダーが具体的にどのような資質を有していればフォロワーはついていこうと思うのか．必要条件は，2つあり，1つは，そのリーダーに従うことによって戦いに勝てること，もう1つは，フォロワーがリーダーに認められたいと思い，リーダーと深い関係を築きたいと望むような人格や人間性をリーダーが有していることである．リーダーシップコアはこのように，能力（Capability），人格／人間性（Humanity），に加え，リーダーの言動における一貫性（Consistency）となる（図12-2）．

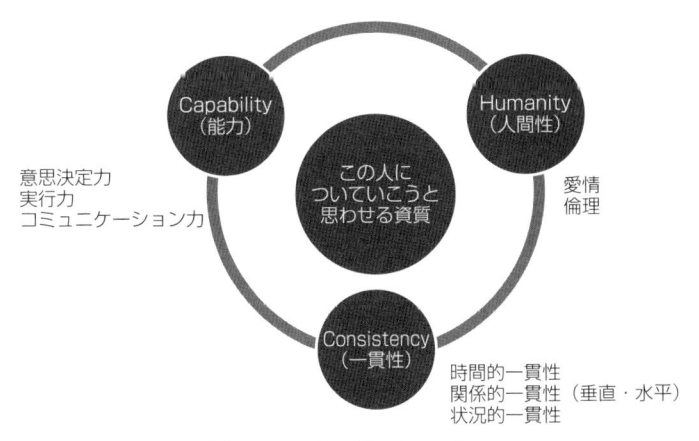

図12-2 リーダーシップコア
出所：波頭 [2008：75：91].

Capability（能力）
意思決定力
実行力
コミュニケーション力

Humanity（人間性）
愛情
倫理

Consistency（一貫性）
時間的一貫性
関係的一貫性（垂直・水平）
状況的一貫性

この人についていこうと思わせる資質

(3) リーダーとマネジャー

マネジャーとは通常,「組織の中でその組織を機能させ,資源を賢明に配分し,そして組織内の人材を最も有効に活用するという過程を監督する立場にある人々」を意味する.今後求められるのは,リーダーシップを有したマネジャーである.ガードナーは,リーダーおよびリーダー的マネジャーについての特徴を挙げる.例えば,それらは,長期的視点での思考,ビジョン,価値観,モチベーションなど具体的に目に見えない要素を重視し,リーダーと集団構成員との関係に見られる理屈では割り切れない要素や無意識的要素を直感的に理解する [Gardner 1990：邦訳 7-8] といった要件を有していることである.

(4) リーダーシップの任務

2011年に日本を襲った東日本大震災における福島原発事故への対応など,昨今はリーダーシップの如何が問題とされることが頻出している.平穏無事,順風満帆の時はよいが,一旦危機,有事,非常時の時が訪れれば,その時こそリーダーの存在が必要となる.

古事ではあるが,四書五経の戦略書である「孫氏の兵法」では,「有事は平時の備えにあり」と記述される.うまくいっている時に,いかに有事の備えを

するかという教えである．備えの最たるものとして，リーダーをしっかり養成しておくことこそ大事と孫子は説いているのである．

　現在，コンプライアンスをあまりにも重視するが故にすべてが事後処理になり，事前に何かをやるという気風がどんどん薄れている．人間が事後主義になり，経済システムも様々な弊害を見せている．世界は歴史的な非常時にあり，言わば文明の大転換期に差し掛かっている．有事のポイントはリーダーの判断力にある．そのためには何が重要か．それは，「着眼を高くし，総体を見まわすべし」(佐藤一斎『言志録』)ということであり，何かおこった時のリーダーは「応機ということ肝要なり」ということである．タイミングを失しないように指示を出すことである．先を見通す，潮目を読む眼力が必要であり，読みが肝要となる．

　ガードナーも，リーダーシップの任務として目標設定，価値観の確認，動機付け，管理，機能する集団の確立，説明能力，象徴としての役割，代表する任務リニューアル（再活性化）を挙げている［Gardner 1990：邦訳 8］．そして，これらを円滑に進めるためには，コミュニケーション能力が必要なことは言うまでもない．

（5）リーダーシップの本質

　リーダーシップは，コミュニケーション能力によって，フォロワーにモチベーションを喚起させ，組織目標の達成に貢献するものである．しかし，第9章で触れたように，意思決定は必ずしも合理的なものではなく，様々な心理的なバイアスによって影響を受ける．様々な心理的バイアスを逆に活用し，望ましい行動を引き出す仕掛けを「ナッジ (Nudge)」と呼ぶ．これを分かりやすく解釈すれば，完全に合理的な個人には意味を持たないが，「心理的要因によって行動が変わる人間に対して影響を持つ要素」となるが，「ナッジ」とは，何らかの選択において，特定の選択肢を選ばせようとする示唆のことである．リーダーはフォロワーに対し，このような「ナッジ」をかける必要がある．フォロワーとのコミュニケーションにおいて，この「ナッジ」をいかに効かすことができるかどうかがリーダーシップの本質と言えるのである．

3．企業ビジョンの体現化システム

（1）ビジョンを実現するためのシステム
　これまでは，ビジョンの重要性とリーダーのマネジメント能力やリーダーシップ能力について検討してきた．リーダー（経営者）としての「思い」を具現化したビジョンをいかにフォロワー（従業員）に，理解や共感を得るマネジメントやリーダーシップを発揮するのか，フォロワーの行動を左右する良質な組織文化をいかに醸成していくかがそこでのポイントであった．つまり，企業ビジョンを実現するためにはいかに経営資源をマネジメントするかに議論が集中するが，ヒト重視のマネジメントという視点が必要であるということである．

（2）経営層からフォロワーに至るまでのコーチング
　日本には，多くの名リーダー（経営者）が存在する．そのリーダーたちはいかにしてマネジメント能力やリーダーシップを発揮し，フォロワーをナッジしてきたのか．良質のマネジメントやリーダーシップを実現するためには，フォロワーとの関係作りが必要であると前述したが，ここでは，関係作りに欠かせない共感性をいかに醸成するかについて論じる．
　まず，大事なのはコミュニケーション能力である．コミュニケーション能力は，相手に正しく情報を理解させる「情報伝達力」と，相手に共感を呼びおこし自分の側に巻き込む「共感力」［波頭 2008：147］の2つの種類に分けられる．そして，後者の共感力が重要となる．また，共感力のあるコミュニケーションの基本は相手を尊重することにある．その方法論の1つに，「コーチング[3]」がある．コーチングにおいてはコーチが答えを教えるというものではなく，様々な質問を投げかけて，それに自分で答えさせるという手法をとる．自分は何をしたいのか，どうなりたいのか，「相談者がその答えを考えるプロセスにおいて，自分自身で自分は何を為すべきなのかについて気付かせるというのがコーチングの基本」［波頭 2008：151］であると言う．このコーチングの手法を，リーダーがフォロワーとのコミュニケーションに活用することは大変有効である．

そのためには，リーダーやフォロワーの育成方法や文化を企業に根付かせるシステム化が必要となる．

（3）事例：京セラ「アメーバ経営」

京セラには，経営を管理する仕組みの1つとして，人材育成と経営管理を融合させたアメーバ経営がある．前述したように，アメーバ経営では，アメーバに見立てた各組織のリーダーが中心となって計画を立て，全員の知恵と努力により目標を達成していく．そうすることで，現場の社員一人ひとりが主役となり，自主的に経営に参加するという「全員参加経営」が実現されている．また，アメーバごとに経営の内容が正確に把握できる，独創的で精緻な部門別採算管理の仕組みが構築された．それとともに，経営をガラス張りにし，部門別の経営の実態が誰にでもわかるようになされた．さらに，アメーバ経営は経営哲学と一体でなければならないので，そのルールや仕組みの1つ1つが京セラの企業哲学と明確につながった[4]と言われている．

（4）事例：パナソニック「水道哲学」

水道哲学は，松下幸之助氏（以下，幸之助氏）が「生産者の使命は，貴重なる生活物資を水道の水のごとく無尽蔵たらしめること」と説いたことに由来する．幸之助氏はこの哲学を1932年（昭和7年）5月，大阪市内で開いた会合で社員に伝えた．ちなみに，この会合で司会進行役を務めていたのが，幸之助氏の義弟で，松下電器専務を経て戦後に三洋電機を創業した井植歳男氏だった．松下電器はパナソニックと社名を変更したが，水道哲学は「現在でも当社の経営理念を構成する要素」（パナソニック関係者）という．ただ，水道哲学は，単なる経営理念に止まらず，現在でもパナソニックの競争力の源泉と見る向きがある．ある国内証券系アナリストは，「パナソニックの場合，水道哲学に基づく大量生産によるコスト引き下げで，最終的に勝ち残ればよいという割り切りがある」[5]と指摘する．このように，経営理念やビジョンが競争優位を担保するのである．

(5) 事例:トヨタ「カンバン方式」

　トヨタの強みは,「カイゼン」やムダを徹底的に排除することの連続による凄まじいコストダウンにあると連想されるが,経営理念は「人間性の尊重」である。これは,単に人間を大事にするのではなく,人間の持っている考える力を最大限に尊重するという意味である。この人間の考える力を仕組み化したのがトヨタ式生産方式であり,「カンバン」と呼ばれる手法である。

　「カンバン」とは,生産工程の各工程間でやり取りされる伝票で,後工程から前工程に対して引き取りや運搬の時期,量,方法,順序などを指示したり,前工程へ仕掛け(生産着手)を指示するものである［柴田・金田 2001:52］。ポイントは後工程(部品を使用する側)が「何を,いつ,どれだけ,どんな方法で欲しいか(使ったのか)」の情報を出し,それに応じて前工程(部品を供給する側)が生産を行うことである。すなわち,生産量や生産開始時期は,使用量や使用時期に応じて自律的に調整される仕組みになっている。これが前工程,前々工程へと連鎖的に動作することを想定すると,サプライチェーンマネジメントの考え方につながる。しかし,カンバン方式は「生産方式」として認識されていたが,現在ではトヨタの「カイゼン方式」であると認識されている。このように,トヨタにはいくつかの仕組みがある。それを,「5つの仕組み」としてまとめたものが表12-3である。このように,確固たる経営哲学とビジョン,そして人材育成などの様々な仕組みの構築によって,今なおトヨタは成長を続けるのである。

表12-3　トヨタ式企業を変える5つの仕組み

	仕組み	内容
①	人材確保の仕組み	仲間集団型ネットワーク組織。インフォーマルな「自主研」
②	情報系の仕組み	会社外の異業種人脈の活用「創発」の推進
③	評価の仕組み	「明日の準備」をする活動を支援し賞賛する,評価の仕組み
④	問題顕在化の仕組み	従来の常識では問題ないが,発想を変えると実は問題であることを顕在化する仕組み
⑤	推進の仕組み	「明日への準備」を行うための「常識はずれの改善活動」を行う仕組み

出所:柴田・金田［2001:66-69］。

注

1) コトラーは，工業化時代，工場から生み出される製品をすべての潜在的購買者に売り込むため，すなわち製品中心の段階を「マーケティング1.0」，今日の情報化社会，情報技術がコアテクノロジーとなった時代に消費者のマインドやハートをつかもうとする，すなわち消費者志向の段階を「マーケティング2.0」，さらには，人々を単に消費者と見なすのではなく，マインドとハートと精神を持つ全人的存在と捉えて彼らに働きかける，すなわち「マーケティング3.0」として，大きく3つのフェーズに分類する［Kotler, Kartajaya and Setiawan 2010：邦訳　16-17］．

2) フロネーシスとは，賢慮（Prudence），実践知（Practical Wisdom），共通善（Common Good）の価値基準を持って，個別のその都度の文脈のただ中で，最善の判断ができる実践知である．

3) 波頭によれば，コーチングとは，「プロゴルファーやプロテニスプレーヤーなどのスポーツ選手に多く見られるように，コーチが選手に対して技術や試合の戦術だけでなく，メンタル面やキャリアプランに至るまで一対一の関係で相談に乗ったり指導したりして選手を育てるのと同様の手法を，企業人のキャリア開発に適用した人材育成の方法である」［波頭　2008：151］と言う．

4) 稲盛オフィシャルサイトから引用（http://www.kyocera.co.jp/inamori/management/ameba/index.html, 2012年6月15日閲覧）．

5) http://jp.reuters.com/article/topNews/idJPJAPAN-34799720081107（2012年6月15日閲覧）．

第13章

人間性と社会的包摂

1. ポストCSR

(1) 企業の社会的責任論

ここまでは,企業や組織の文化については,経済合理性よりも人間性重視の経営が日本における経営の強みを発揮していることについて概観した.これは,企業が一時期,グローバリゼーションの潮流が遠因となった経済合理性の過度の追求による人間性軽視の経営が,企業の非倫理的行動を招来したことへの反省から,再度人間性重視の経営にシフトしている傾向を表している.経済性,効率性を安全に優先させる組織文化が社会的に多大な影響を及ぼす事故や事件を引き起こした反省から,企業の社会的責任 (Corporate Social Responsibility,以下CSR) が問われるようになった.

十川 [2005:183] は,企業は利潤を上げて,法人税を納めること自体が社会貢献であり,市場における競合を勝ち抜くことが大事であるという考え方がもともとあったが,ステイクホルダーへのアカウンタビリティの重要性が増し,さらには,企業が経済的実体としての存在と社会制度としての存在をいかに両立させるかが企業のミッションになってきたことを指摘する (表13-1). つまり,企業は短期的な利益だけでなく,社会における企業市民としての役割を意識し,社会の利益に貢献して自社の利益につなげていくという長期的な利益を意識しなければならなくなってきたのである.

しかし,前章でも触れたように,そのためのコンプライアンスをあまりにも重視するが故にすべてが事後処理になり,事前に何かをやるという気風がどんどん薄れている.そこから,こうした動向に危機感を持った企業は,CSRの

表13-1　企業の社会的責任論の経緯

フェーズ	主張内容	ステイクホルダーに対する姿勢
I	企業は利潤の最大化という唯一の目的をもって行動することによって公共の利益を最大化する.	適者生存のルールに従って，ステイクホルダーの利害を考慮せず，その調整は市場メカニズムによって実現されるもの.
II	経営者は所有者の利益と多くの利害に関わる組織のバランスをとることが，利潤創出だけの行動よりも優先される.	経営者の報告責任（accountability）は，所有者だけではなく，多くのステイクホルダーに向けて存在するもの.
III	生活の質（quality of life）という価値が強調され，経営者には，社会の利害が意思決定にあたって重要となる.	経営者の報告責任（accountability）は，所有者だけではなく，その他の企業への貢献者，社会において生じるものであり，人間的価値が重要とされる.
IV	企業は，経済的実態としての存在と，社会制度としての存在性格をいかに両立させるかという課題を持つ.	企業の価値創造のプロセスを活性化させ，消費者・ユーザーのニーズを満たす製品・サービスを提供し，その他多様なステイクホルダーの利害を充足し，社会にとって公正な企業経営を確立することが重要とされる.

出所：十川［2005：177-83］を基に筆者作成.

本質を経営戦略に落とし込む努力を始め出すのである.

（2）世界の動向と日本の動向

国連で提示されたグローバル・コンパクト（Global Compact, 以下GC）は，各企業が責任ある創造的なリーダーシップを発揮することによって，社会のよき一員として行動し，持続可能な成長を実現するための世界的な枠組み作りに参加する自発的な取り組みである. GC署名企業は，人権の保護，不当な労働の排除，環境への対応，そして腐敗の防止に関わるCSRの基本原則10項目に賛同する企業トップ自らのコミットメントの元に，その実現に向けて努力を継続している[1]（図13-1と表13-2参照）.

（3）国内の動向

グローバルコンパクトジャパン（以下，GC-JN）に加盟している企業・団体は，2012年現在で159を数える. 日本サッカー連盟や同志社大学も加盟している.

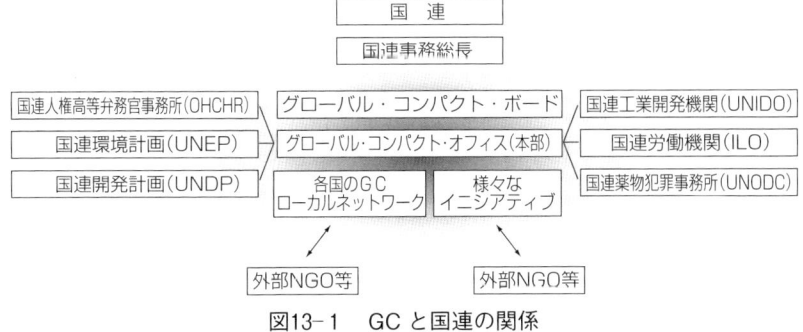

第13章　人間性と社会的包摂　181

図13-1　GCと国連の関係

出所：http://www.ungcjn.org/aboutgc/glo_01_13.html（2012年6月15日閲覧）．

　その中で，Notable COP（優れた活動報告）を受賞した大阪ガスのCSR推進体制（図13-2）とGCの行動基準を比較したものが表13-2である．第2章で触れたNOBY T & F CLUBなどの近畿圏部におけるスポーツを核とした社会貢献活動は，図13-2の社会貢献部会の中で議論されている．

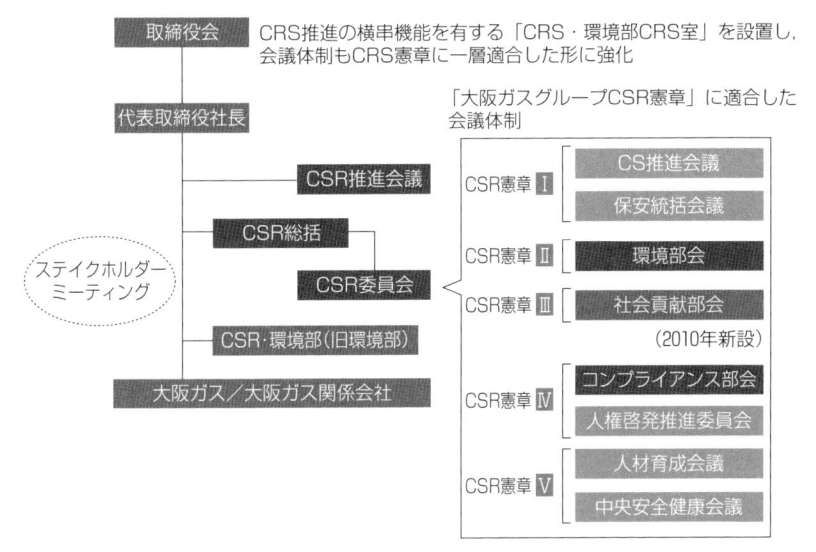

図13-2　大阪ガスのCSR推進・組織体制

出所：http://www.osakagas.co.jp/company/csr/beginning/system.html（2012年6月15日閲覧）．

表13-2 グローバル・コンパクトの10原則と企業のCSR基準

国連「グローバル・コンパクト」		「大阪ガスグループ企業行動基準」
原則1	企業はその影響のおよぶ範囲内で国際的に宣言されている人権の擁護を支持し、尊重する.	1. 人権の尊重 12. 安心して働ける環境の整備 13. 雇用と処遇等
原則2	人権侵害に加担しない.	
原則3	組合結成の自由と団体交渉の権利を実効あるものにする.	12. 安心して働ける環境の整備
原則4	あらゆる形態の強制労働を排除する.	12. 安心して働ける環境の整備 13. 雇用と処遇等
原則5	児童労働を実効的に廃止する.	13. 雇用と処遇等
原則6	雇用と職業に関する差別を撤廃する.	12. 安心して働ける環境の整備 13. 雇用と処遇等
原則7	環境問題の予防的なアプローチを支持する.	2. 環境保全への配慮
原則8	環境に関して一層の責任を担うためのイニシアチブをとる.	
原則9	環境に優しい技術の開発と普及を促進する.	
原則10	強要と賄賂を含むあらゆる形態の腐敗を防止するために取り組む.	5. 独占禁止法の順守 6. 公正な取引の実施 8. 関係先・取引先との交際 14. 反社会的勢力との関係遮断,利益供与の禁止

出所：http://www.ecool.jp/press/2009/09/notable-cop.html（2012年6月15日閲覧）.

（4）CSRの限界——社会貢献が生む競争優位——

しかし、「社会的責任を果たさなければならない＝義務的」という考え方は、「CSR＝コスト」という考え方になり、これでは従業員も身が入らないし、Notable COP（優れた活動報告）に選ばれ、国連で評価されたとしても企業の現場にあっては現実味が乏しい。CSRを推進する必要があるのなら、企業の成長戦略や競争優位を獲得する活動にリンクさせなければ、現場のモチベーションを獲得することは不可能である。すなわち、従来のCSRの考え方を越えた取り組み、社会的責任を果たしながら収益を上げる事業（ソーシャルビジネス）や、社会的責任を果たすことでブランド力の向上につなげるような企業行動、言わ

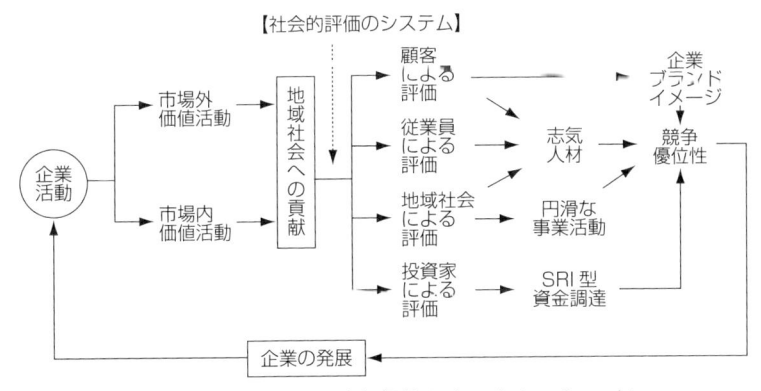

図13-3 社会貢献が競争優位を生み出すメカニズム
出所：小野［2004：207］．

ば「ポストCSR」という考え方が必要となってくるのである．

図13-3は，社会貢献が競争優位を生み出すメカニズムを表しているが，ここで問題にしなければならないのが，どのような活動でこのメカニズムに命を吹き込むかである．自社の本業を伸ばすことによって社会に貢献することはもちろんである．また，文化振興やスポーツ振興といった市場外の価値活動に寄付や協賛することも考えられるが，バブル経済期に行われたような単なるスポンサーとしての活動であるなら社会評価は得られない．

自社のスポーツ資産の活用とともに自治体や大学のみならずスポーツ産業企業の協力も得ながら，地域における青少年育成といった地域活力創造活動を実施することなど，企業ならではの「オンリーワン」の活動が必要となってくるのである．当然のことながら，その活動は，企業の本業やミッションとリンクしなければならない．大阪ガスは，そもそもガス（灯）で世の中を明るくしたいという創業の精神がある．また，地域にガス管を地中に巡らせているので，その地域が賑わい，活性化していないと儲からない仕組みとなっている．こうした企業だからこそ，「スポーツで地域を元気に」という活動が可能になるのである．

（5）ポストCSRを担うスポーツ産業

このように，従来のCSRを超える可能性をスポーツは有する．その理由は，第1章で触れたように，スポーツは公共性を有するため誰もがアクセスできるということである．また，スポーツによる経験価値，すなわち「感動の価値創造」がスポーツには可能であるということも考えられる．

CSRは，企業の社会的責任というよりも，社会とのコミュニケーション能力と換言することができる．コミュニケーションについては，これまでスポーツ価値という文脈で触れてきたが，企業活動や戦略においても重要なファクターである．それを活発にするには，内部（グループ企業・職場社員同士）のみならず，外部（顧客などのステイクホルダー）とのコミュニケーションの場をいかに設置するか，あるいは様々なシステムに埋め込むかが，良好なコミュニケーション創出の鍵を握るとされている．CSRのResponsibilityのResponseとは「責任」ということだけでなく，反応することであり，「社会からの期待や批判に対する感応性が問われる」［谷本 2006：64］のである．

スポーツにおける「感動の価値」を最も活用できる事業がスポーツ産業である．前述した大阪ガスの事例は，実はスポーツ産業が仕掛けなければならない事業であろう．スポーツ産業は，スポーツをする・観る・支える人のみを対象とし，また，スポーツ文化の発展のみを企業理念とするだけに止まり，多くの事業機会や社会へのアピールの機会を遺失していると考えられる．現に，先進的な取り組みを行う企業として，スポーツ産業が取り上げられるのは希有である．

スポーツ産業には，CSRの限界を打破する可能性が十分にあるのである．スポーツによって「社会的責任」を超える企業行動，例えば，スポーツによる「三方よし」を実現するなどである．それが実現すると「これがスポーツ産業の強み」という企業文化がスポーツ産業（企業）に醸成される可能性も高く，それによってスポーツ産業独自の競争優位を持ったビジネスモデルの創出が可能になり，持続可能性が担保されると考えられるのである．

しかし，ポストCSRを担うためには，現在のスポーツマーケットのみに関わるものだけでは不十分である．少子高齢化によりマーケットがしぼむことは明白であるため，新たなマーケットの開拓と従来コストとされていたものも資

源化するという考え方が必要となる．その考え方の１つがダイバーシティとインクルージョンである．

2．ダイバーシティとインクルージョン

（1）ダイバーシティとインクルージョン

　ダイバーシティとは「多様性」であり，雇用の機会均等，多様な働き方を指す[2]．もともとは，アメリカにおいてマイノリティや女性の積極的な採用，差別なき処遇を実現するために採用された概念である．その概念が広がりを見せ，最近では，多様な働き方を受容する考え方として使われるようになった．日本においては，人種，宗教などよりは，性別，ライフスタイル，障害の面に注目して捉えられる傾向にある．現在，人権といった本質的な観点だけでなく，少子高齢化による労働力人口の減少に対応した将来的な人材確保の観点から，ダイバーシティに取り組む企業が増加している．これは，「ダイバーシティ・マネジメント」と呼ばれているが，多様な価値観を取り込むことで成果を上げようとする企業活動の１つである．

　こうした動向は，2008年のリーマンショック以降，日本企業のグローバル化が待ったなしになっていることも大いに影響し，グローバル人材の育成にダイバーシティは欠かせないものとして，メディア露出が増えたからであろう．一方，ダイバーシティ推進先進国と言えるアメリカで，21世紀に入ったころから言われ始めたのがインクルージョン（社会的包摂）という考え方である．現在，欧米の企業では「ダイバーシティ＆インクルージョン」と併記されることが一般的であり，中には，包摂こそ重要というわけで「インクルージョン＆ダイバーシティ」とする企業もある．

　日本においてもようやくダイバーシティやインクルージョンという考え方が語られ出したが，まだまだ根付いてはいない．その理由は，組織文化という考えが登場したころには，すべての組織メンバーによって共有された「強い」，「同質的」，「支配的」な文化が意図されていたからである．また，この同質で強い組織文化は組織の中核的価値を表すものであるという考え方も支配的であった．このように，組織の同質性や均一性はよいものとされ，強い文化が高業績

を生み出すものと長い間考えられていた．しかし，人は異なる「文化的背景」を持ち，個性を持った存在である．ダイバーシティとは，人種，性別，国籍，パーソナリティ，年齢，障害，学歴，宗教，性的嗜好など，個人の間に見られる相違を指摘するものであり，ある調査によると，人種・民族において多様性を備えている企業は，そうでない企業よりも，より多くの顧客を持ち，より高い株式価値や収益率を持つという［野中 2009：153］．このことからも，多様性のマネジメントであるダイバーシティ・マネジメントは，これからの企業にとっては必要不可欠な機能となると言えよう．

1990年代の欧米諸国において，ダイバーシティの1つとも言えるノーマライゼーション（健常者と障害者がお互い区別されることなく社会で共生できるという考え方）から社会的インクルージョンへと，その考え方の転換がなされたことは画期的であった．

CSRは企業の応答可能性，すなわちコミュニケーション能力であることは前述した．それには，特定のステイクホルダーだけではなく，多様なステイクホルダーとのコミュニケーション能力が必要となる．スポーツ産業は，このように多様性を有するステイクホルダーとのコミュニケーションを可能としているのか．以下では，経営資源や顧客・パートナーとして障害を持つ人たちの可能性について検討する．

（2）障害者雇用の現状

ここではまず，日本におけるダイバーシティ・マネジメントの動向を検証するために，障害者雇用の現状について概観する．

例えば，障害者雇用については，従来法的拘束力のある「雇用率」を満たしていれば，企業の責任は果たしているとされていた．先進国では障害者雇用に対する法的な規制があり，それは主に差別禁止法による雇用（アメリカ，イギリス，カナダ，オーストラリア，ニュージーランド等）と雇用率制度による雇用（日本，ドイツ，フランス等）に類別される．

日本の事業主は，「障害者の雇用の促進等に関する法律」にもとづき，表13-3に示す割合（法定雇用率）以上の障害者を雇用する義務を負う．法定雇用率を満たせない場合は，不足一人につき月額5万円の納付金が課せられ，法定雇用率

表13-3　法定障害者雇用率の推移

団体		従来（％）	新規定（％）
民間企業	一般の民間企業	1.8	2.0
	特殊法人	2.1	2.3
国及び地方公共団体	国・地方公共団体	2.1	2.3
	一定の教育委員会	2.0	2.2

出所：http://www.mhlw.go.jp/stf/houdou/2r9852000002b4qy.html（2012年6月15日閲覧）．

を超えると，企業規模に応じて一人につき月額2万7000円の障害者雇用調整金や月額2万5000円の報奨金が支給される．

　しかし，2012（平成24）年3月末日現在の一般民間企業の雇用率は1.65％（前年1.68％），法定雇用率達成企業の割合は45.3％（前年47.0％）となっている．このように，過半数の企業が法定雇用率を達成できていない．そのため，厚生労働省は法定雇用率の引き上げに踏み切ったのである．[3]

　企業が法定雇用率を達成できない理由は，障害者を雇用するコストが納付金を大きく上回るため，納付金を支払って雇用しない方が合理的であるという状況にあるからである．しかし，問題はコストのためだけではなく，企業として社会的な体裁を整えるために，雇用率を意識しているところにある．その障害者の能力いかんに関わらず，「障害者の仕事はこれ，これ」あるいは「この仕事ができる障害者を求む」などの雇用が一般的である．つまり，障害者雇用を促進し，社会に貢献しているように見せかけて，実は障害者問題の本質には目を向けようとはしない企業の偽善性が問題なのである．これに対し，「ポストCSR」の考え方は，1つの障害があっても，他の能力が高ければその高い能力に着目して活用し，障害をサポートするコストをパフォーマンスが上回ればよしとする，コストから資源への転換という考え方をとるのである．

（3）スポーツのダイバーシティとインクルージョン

　スポーツはもともと多様で包摂的（誰でも参加できるもの）であるが，近代スポーツが発展し，IOC（国際オリンピック委員会）やFIFA（国際サッカー連盟）など，世界的なスポーツ団体や競技団体が機能し始めると，あるいはJOCがオ

リンピックでのメダルの獲得数を目標に掲げる動向とともに，包摂的ではなくなってきた．パラリンピックの選手たちは，まだまだ競技に専念できる環境にはない．

ダイバーシティとインクルージョンは相対するものではない．インクルージョンは，ダイバーシティで提唱された理念を発展する方向にあるものとされている．人間性に基づいたダイバーシティ（多様性）や，共生，すなわち人間性に根差したインクルージョン（社会包摂）が必要である．換言すれば，社会的に排除された人々が社会を構成する一員として差異を認め合い，自立と共生の関係を目指す，包摂型の社会関係を再構築するという重要な課題に対して取り組むことこそが，社会それ自体に活力を与える［曽和 2010：209］ことにつながっていくのである．

ということは，スポーツを通じてダイバーシティとインクルージョンを成就させることができれば，スポーツ産業のみならず企業を初めとした様々な組織形態のイノベーションを可能にすると言えるのである．スポーツ産業にあっては，特にその方法論を考えるミッションがあるのである[4]．

3. 公共性を担保するイノベーション

（1）スポーツが持つ公共性

スポーツは効率性と社会性を併せ持つ身体運動文化である．同時に，それは公共性をも有する．公共性は，「open」，「common sense」，「official」を表す．いわゆる，「公序良俗」である．スポーツの公共性とは，スポーツが人間の本源的に持っている暴力性をルールで封緘し，ゲーム性を持たせていることにある．

また，公共性は「誰もがアクセスし得る空間」［齋藤 2000：5］であると考えられる．それ故，企業的公共性の発露とは，企業が自ら多様なステイクホルダーがアクセスし得る空間を構築することである．さらに，公共性というのは「富の配分」を行うと同時に，リスクを分散するという機能も有する．従って，スポーツを経営資源や商材にするスポーツ産業のイノベーションには，誰かを傷付けることではなくリスクを分散しながら変革するという考え方が必要である．

表13-4 公共性とは何か（共同体との比較）

共同体	公共性
閉じた領域	誰もがアクセスし得る空間
「外」を形象化することによって「内」を形象化する	
等質な価値に満たされている	人々のいだく価値が互いに異質なものである
価値を成員が共有することを求める	
成員が内面に抱く情念（愛国心・同胞愛，愛社精神等）が統合のメディアになる	統合のメディアは，人々の間にある事柄，人々の間に生起する出来事への関心である
アイデンティティ（同一性）の空間．一元的・排他的な帰属を求める	人々は複数の集団や組織に多元的に関わることが可能．アイデンティティは多義的

出所：齋藤［2000：5-6］．

　従来の日本企業は，表13-4に示したように，公共性を有する組織体というよりは共同体としての性質が強かった．例えば，帰属意識を過度に求めたり，価値を成員が認めることを求めたり，誰もがアクセスできるものではない「家」の論理とも言うべき関係性を有していた．これは，資源を持たない日本における知識やノウハウで勝負してきた企業にとっては強みとなっていた．しかし，グローバリゼーションが進展し，ダイバーシティやインクルージョンという考え方が社会の趨勢であるならば，企業は障害者を単なるコストとして雇用するのではなく，資源とする考え方をすべきであろう．特に，スポーツ産業においては，技術の進歩とともに障害者スポーツが盛んになってきており，パラリンピックもオリンピック同様，世界の耳目を集めるようになったことをチャンスと受取り，パラリンピアンの雇用とマーケティングを同時に行うことが考えられる．

（2）スポーツの組織文化とスポーツ産業

　一般的に，企業の普遍的な課題は，その持続可能性にあると言われる．また，現代的な課題は，グローバリゼーションの潮流に流された過度な経済合理性の追求ではなく，社会性，公共性を有しながら持続可能な発展を追求することである．CSRの本質は，降り掛かるリスクの分散にあるから，倫理性，道徳性，公共性をいかに企業戦略に埋め込み，組織内外の共感を得ることにある［相原・石井・伊吹 2007：39］．一方，スポーツの本質は人間本来の欲求を満たすもので

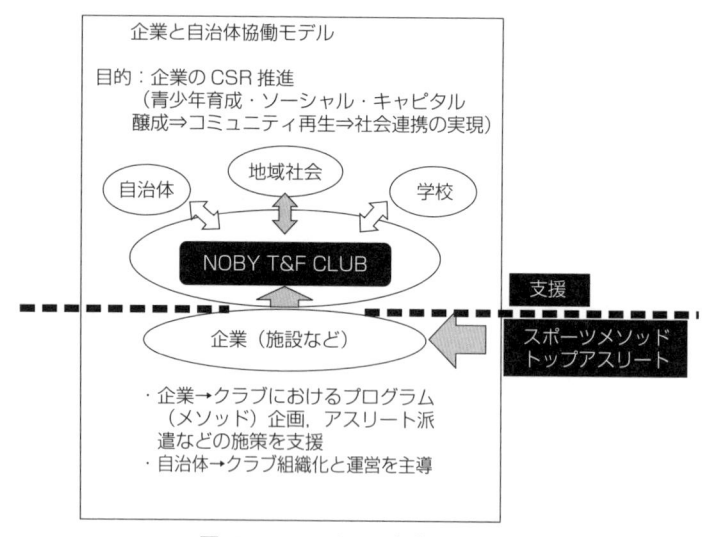

```
┌─────────────────────────────────────┐
│   企業と自治体協働モデル                 │
│   目的：企業のCSR推進                  │
│     （青少年育成・ソーシャル・キャピタル  │
│   醸成⇒コミュニティ再生⇒社会連携の実現） │
│          ┌──地域社会──┐              │
│     自治体 ↔         ↔ 学校          │
│          ↓   ↕   ↓                  │
│      ┌─NOBY T&F CLUB─┐              │
│ ─ ─ ─ ─ ─ ─ ↑ ─ ─ ─ ─ ─ ─ ─ 支援    │
│       企業（施設など） ← スポーツメソッド │
│                         トップアスリート │
│  ・企業→クラブにおけるプログラム        │
│   （メソッド）企画，アスリート派         │
│   遣などの施策を支援                   │
│  ・自治体→クラブ組織化と運営を主導       │
└─────────────────────────────────────┘
```

図13-4　スポーツ産業の可能性

出所：筆者作成.

あると同時に，スポーツマンシップによる倫理性や道徳性あるいは公共性を持つものと言え，この両者の本質的同一性がCSR戦略にスポーツが有効であるという主張を補強する［石井 2011：404-405］．

このように，スポーツがCSR推進の核となれれば，スポーツ産業もマーケットを広げることができるであろう．

例えば，図13-4は，第2章でふれた「NOBY」の今後考えられる発展的なモデル図であるが，スポーツ産業が，クラブの核となるアスリートや施設やノウハウを編集の上，クラブモデルを構築して，CSRに苦労する企業に提案するということも考えられよう．多くの企業がCSRの推進には頭を悩ましている．また，多くの自治体や2000年にスタートした総合型スポーツクラブも多くの課題を抱えている．スポーツ産業には，そういった未開拓の分野やアクターへの働きかけが必要となるのである．

（3）人間性の本質を活かした産業イノベーションとしてのスポーツ産業

これまで，経営組織や企業の組織文化に必要なものは，すべてスポーツの世

界に存在するものであるということを論じてきた．その理由は，スポーツの本質にある．スポーツは，遊びや暴力という人間の本源的な欲求をルールで制御しながら，ゲーム性や社会性を持たせたものであるからである．企業やその他の組織が当然のことながら人間で形成されていることから，スポーツの機能は，企業を初めとする様々な組織や組織文化のあり方を検討する上で有効に作用すると考えたからである．

また，スポーツは経験価値から生まれる「感動の価値創造」を行う機能を有する．企業における，利潤の最大化（特に短期的利潤）を通じて株主利益を追求することにより，結果として社会全体の「善」や幸福が達成されるという経済学の功利主義的仮定は，現在修正を迫られている［野中・遠山・平田 2010：iv］．人間の本質を追究し，真に豊かな社会を構築するための創造的活動を行い，模倣が困難な価値の生産を行うことによって経済競争力を高めるという創造経済学が生まれてきているのである．そして，この創造経済を構成する要素が経験価値であり，その中心をなすのが「感動」の価値創造である［八木・松野 2011a：1］（図13-5）．

企業においては，製品や消費者中心の考え方から人間中心の考え方に移行し，収益性と企業の社会的責任をうまく両立させる段階にマーケティングが進化しているとコトラーが指摘するように，経済は，人間性重視の方向にあるの

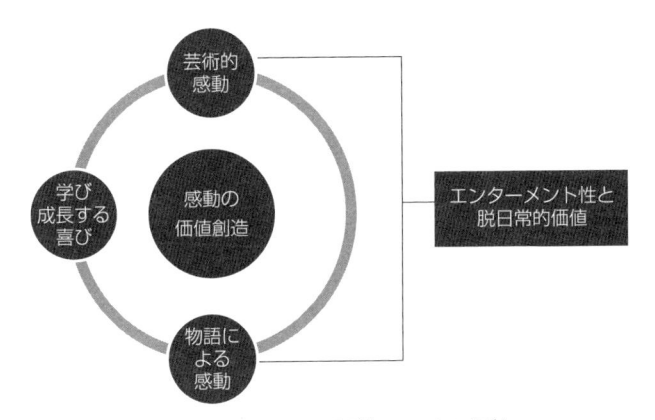

図13-5　スポーツ観戦における価値

出所：八木・松野［2011a：4］を筆者図表化．

である［Kotler, Kartajaya and Setiawan 2010：邦訳 2］.

　これらのスポーツが有する諸機能や価値をふんだんに使えるスポーツ産業は，スポーツの本質を組織文化に埋め込み，組織のイノベーションを進めながら企業自体にイノベーションをおこす可能性がある．スポーツ産業は，コモディティ化（製品を作ること）からいかに脱却して，顔の見える産業になるかが課題である．それを実現可能にし，イノベーターとなれれば，スポーツ産業は日本のリーディングカンパニーになって，日本の産業界全体をも大きく変革できると考えられるのである．

注

1）http://www.ungcjn.org/aboutgc/glo_01.html（2012年6月15日閲覧）．
2）「ダイバーシティ」（人材マネジメント用語集，http://www.weblio.jp/content/，2012年6月15日閲覧）．
3）厚生労働省の労働政策審議会（会長 諏訪康雄 法政大学大学院教授）は，諮問を受けていた民間企業の障害者雇用率を2.0％（現行1.8％）とすることなどを盛り込んだ「障害者雇用率等について（案）」について，「妥当」とした同審議会障害者雇用分科会（分科会長 今野浩一郎 学習院大学教授）の報告を了承し，本日小宮山洋子厚生労働大臣に答申した．障害者雇用率は，障害者の雇用の促進等に関する法律第43条第2項に基づき，少なくとも5年ごとに，労働者と失業者の総数に対する身体障害者又は知的障害者である労働者と失業者の総数の割合の推移を勘案して，政令で定めるとしている．2013年4月1日実施予定（http://www.mhlw.go.jp/stf/houdou/2r9852000002b4qy.html，2012年6月15日閲覧）．
4）パラリンピアン用の義足が技術の進歩によって改良され，記録が健常者と同等に近付いてきていることは，スポーツ産業におけるダイバーシティとインクルージョンが成就されつつあるとも言える．しかし，難しい問題も内包している．南アフリカのオスカー・L. C. ピストリウスという両足義足のスプリンターは，2011年世界陸上400m競走において，準決勝に出場した．健常者と一緒に走っての準決勝進出とは素晴らしい記録である．しかし，彼がアイスランド製の炭素繊維製の競技用義足を使用したこと，また，その義足は400mという後半苦しいレースにおいて，後半に向かって弾むように加速することから，一部の日本陸連からは「逆に不公平」という声が上がった．これらの問題をいかに解決するかによって，スポーツを通じたダイバーシティとインクルージョンの両立が果たせるのかもしれない．さらには，ここに，スポーツ産業の生き抜く道が隠されているのかもしれないのである．

おわりに

　本書は，スポーツを商材にした産業についての単なる解説書ではなく，「スポーツの本質は，感動を生む経験価値にある」ことをベースとして，スポーツ産業の新たな価値創造について議論したものである．
　本書では，その経験価値に，トップアスリートを始めとする高度スポーツ経験者の「経験知」と行動経済学の立場からアプローチした．スポーツの経験価値は，高度な組織文化を醸成するとともに，多様な人々を引き付ける高い公共性を有する．この価値の最大化には，「場」と「仕組み」が必要となるが，現在，グローバリゼーションへの対応と組織能力の向上を社会から求められて苦悩するわが国の経済界にとって，この価値が問題解決の糸口の一つをもたらすと考えられるのである．
　この意味では，スポーツ産業は，大いなる成長の可能性を有しているのである．事業を通じてスポーツを追求することは，スポーツを通して人間性を追求することとなり，その組織文化をさらに強いものに昇華させる可能性を有する．また，このプロセスが「場」と「仕組み」の創出というイノベーションを起こし，企業としての経済競争力を向上させる．すなわち，スポーツを商材とするスポーツ産業自身が，スポーツの経験価値を正しく評価する必要があるのである．
　ところで，ロンドンオリンピックの日本チームは過去最高の獲得メダル数を記録した．その祝賀イベントである銀座でのメダリストパレードには，50万人が参集したという．また，昨年の東日本大震災以降，人々の絆の重要さが改めて問われ，そこからスポーツの存在価値が再認識されている．あるいは，女子サッカーなでしこジャパンの活躍やマラソンブームによって，スポーツマーケットは活性化しているように見えよう．しかしながら，スポーツを取り巻く環境やマーケットは本当に拡充しているのであろうか．仮にそうだとしたら，スポーツ産業はこの流れを確実に獲得しているのであろうか．スポーツ産業が，単にスポーツを商品としてしか位置付けていないとカスタマーに見られて

いるのであれば，その成長は見込めないであろう．

　スポーツ産業にあっては，スポーツを追求することで組織能力を向上させ，例えば，自治体によるハード整備に，地域住民を始め，マイナースポーツや障害者スポーツに関わる人々が継続的に使用でき感動を共有する「場」をつくること，そしてその事業は，受益者負担制度，各種財団，地域企業といった各アクターからの補助金のみならず，高齢者を採用するなどの企業の人的資源をも活用する「仕組み」をつくることによって，新たなビジネスの創造につなげるという考え方が重要となる．そうならないと，真の意味でのスポーツによる豊かな社会の実現，あるいはスポーツ産業自体の発展は困難であろう．

　一般的に，スポーツにはきまぐれなファンやチームの強弱，あるいは天候といった多くの不確定要素が存在するため，スポーツのビジネス化は，難しいとされている．しかし，多くの企業経営の成功者は，自らが商材とするものの「本質」を追求し続けてきた結果，イノベーションを起こし「不可能」を「可能」にしている．現在ほどスポーツの経験価値が必要とされている時代はない．スポーツ産業のみならず，企業にあっては，本書において様々な角度で検討したスポーツの本質の企業経営への活用が望まれる．本書が，社会の持続可能性を高める組織文化の構築と，その「ナッジ」となるスポーツ産業発展の一助となれば幸いである．

　本書の出版にあたっては，晃洋書房の丸井清泰氏に多大なお世話をいただいた．心からお礼申し上げる．

　　2012年10月

編著者一同

参 考 文 献

〈邦文献〉

相原正道・石井智・伊吹勇亮［2007］「企業におけるCSR戦略とスポーツ——企業広報の視点から——」『広報研究』（日本広報学会），11.

阿辻茂夫［2003］「組織倫理と政策科学——環境マネジメントへの視座——」，太田進一編『企業と政策——理論と実践のパラダイム転換——』ミネルヴァ書房.

阿部勘一［2006］「消費されるスポーツ——『スポーツ社会学のための計画表』（日本篇）——」『国際経営・文化研究』11（1）.

有賀郁敏・石井昌幸・山下高行・池田恵子・小石原美保・福田宅・松井良明・功刀俊雄・真田久・青沼裕之［2002］『スポーツ』（近代ヨーロッパの探求8），ミネルヴァ書房.

有吉忠一・中嶋大輔・伊吹勇亮・松野光範［2011］「スポーツ用品産業論序説——産業構造と企業の戦略——」『スポーツ産業学研究』21（1）.

栗田房穂・高成田亨［2001］『ディズニーランドの経済学』朝日新聞社.

石井智［2006］「スポーツの価値と企業政策——『CSR』視点から——」『同志社政策科学研究』8（1）.

——［2012］「これからの社会におけるスポーツの役割と可能性——NOBYが拓くスポーツの新たな地平——」『季刊CEL』（大阪ガスエネルギー文化研究所），98.

伊多波良雄・横山勝彦・八木匡・伊吹勇亮編［2011］『スポーツの経済と政策』晃洋書房.

伊丹敬之・藤本隆宏・岡崎哲二・伊藤秀史・沼上幹編［2006a］『組織とコーディネーション』（リーディングス日本の企業システム第Ⅱ期1），有斐閣.

——［2006b］『組織能力・知識・人材』（リーディングス日本の企業システム第Ⅱ期4），有斐閣.

伊藤邦雄［2005］「『エモーショナルな資産』を増やせ」『日経ビジネス』4月4日号.

——［2008］「CSRによるコーポレート・ブランド経営」，高巖・日経CSRプロジェクト編『CSR企業価値をどう高めるか』日本経済新聞社.

稲葉祐之・井上達彦・鈴木竜太・山下勝［2010］『キャリアで語る経営組織——個人の論理と組織の論理——』有斐閣.

稲水伸行［2012］「ゴミ箱の中を覗いてみる——ソースコードに隠された暗黙のルール経営学輪講 Cohen, March, and Olsen (1972)——」『赤門マネジメント・レビュー』11（5）.

稲森和夫［2008］『人を生かす——実学・経営問答——』日本経済新聞出版.

岩本武和・奥和義・小倉明浩・金早雪・星野郁［2001］『新版グローバル・エコノミー』有斐閣.

内田隆三［1999］「現代スポーツの社会性」，井上俊・亀山佳明編『スポーツ文化を学ぶ人の

ために』世界思想社.
江戸川大学スポーツビジネス研究所 [2007]『スポーツ Biz. ガイドブック〈'07-'08〉』日経 BP 企画.
──── [2008]『SpoBiz. ガイドブック 08-09』ダイヤモンド社.
江橋崇 [2008]『グルーバル・コンパクトの新展開』法政大学現代法学研究所.
小野桂之介 [2004]「地域社会に貢献する経営」, 高巌・日経 CSR プロジェクト編『CSR ──企業価値をどう高めるか──』日本経済新聞社.
川井圭司 [2003]『プロスポーツ選手の法的地位』成文堂.
菊幸一・齋藤健司・真山達志・横山勝彦編 [2011]『スポーツ政策論』成文堂.
北森義明 [2008]『組織が活きるチームビルディング』東洋経済新報社.
グロービス・マネジメント・インスティテュート [2002]『新版 MBA マネジメント・ブック』ダイヤモンド社.
桑田耕太郎・田尾雅夫 [2004]『組織論』有斐閣.
経済産業省編 [2001]『企業とスポーツの新しい関係構築に向けて』経済産業省.
小林淑一 [2009]『スポーツビジネス・マジック──歓声のマーケティング──』電通.
齋藤純一 [2000]『公共性』岩波書店.
齋藤孝 [2001]『「できる人」はどこがちがうのか』筑摩書房.
齋藤れい・原田宗彦・広瀬盛一 [2010]「スポーツ観戦における経験価値尺度開発および J リーグ観戦者の分類」『スポーツマネイジメント研究』2 (1).
佐伯聰夫 [1999]「21世紀における企業スポーツの在り方」, 大崎企業スポーツ事業研究助成財団編『企業スポーツサミット論文集』.
佐久間信夫・坪井順一 [2011]『現代経営組織論の基礎』学文社.
笹川スポーツ財団 [2011a]『スポーツ政策調査研究報告書』笹川スポーツ財団.
──── [2011b]『諸外国および国内におけるスポーツ振興施策等に関する調査研究』文部科学省.
佐々木勝 [2005]「企業がスポーツチームを持つべきか」『日本労働研究雑誌』537.
佐藤悌二郎 [2009]『図解 松下幸之助の行動学』東洋経済新報社.
佐藤郁哉・山田真茂留 [2004]『制度と文化──組織を動かす見えない力──』日本経済新聞社.
佐野毅彦 [2007]「J リーグというイノベーション」『KEIO SFC JOURNAL』6 (1).
柴田昌治・金田秀治 [2001]『トヨタ式最強の経営』日本経済新聞社.
杉本厚夫 [1995]『スポーツ文化の変容』世界思想社.
鈴木基史 [2000]『国際関係 社会科学の理論とモデル 2』東京大学出版会.
鈴木幸毅 [1998]『バーナード組織理論の基礎』税務経理協会.
十川廣國 [2005]『CSR の本質──企業と市場・社会──』中央経済社.

参 考 文 献

曽和信一［2010］『ノーマライゼーションと社会的・教育的インクルージョン』阿吽社．
高橋伸夫［1997］『組織文化の経営学』中央経済社．
──［2006］「意思決定原理と日本企業」，伊丹敬之・藤本隆宏・岡崎哲二ほか編『組織とコーディネーション』（リーディングス日本の企業システム第Ⅱ期 1），有斐閣．
高橋伸夫編［1997］『組織文化の経営学』中央経済社．
多木浩二［1995］『スポーツを考える──身体・資本・ナショナリズム──』筑摩書房．
竹林滋編者代表［2002］『新英和大辞典第 6 版』研究社．
寺岡寛［2010］『指導者論──リーダーの条件──』税務経理協会．
友添秀則［2012］「「スポーツ立国論」をめぐって」『現代スポーツ論評』26．
友添秀則・近藤良享［2000］『スポーツ倫理を問う』大修館書店．
内閣府国民生活局［2003］『ソーシャルキャピタル──豊かな人間関係と市民活動の好循環を求めて──』国立印刷局．
中根千枝［1967］『タテ社会の人間関係』講談社．
中村勇［2008］「国際柔道連盟（IJF）における青色柔道衣採用に関する研究──1997年 IJF 総会までの経緯と総会資料の検証──」『鹿屋体育大学学術研究紀要』37．
日本オリンピック委員会『オリンピック憲章 Olympic Charter』．
人間開発報告書2010年制作チーム［2011］『人間開発報告書2010──人間開発への道筋──』阪急コミュニケーションズ．
野中郁次郎監修・東京電力技術開発研究所ヒューマンファクターグループ編［2009］『組織は人なり』ナカニシヤ出版．
野中郁次郎・遠山亮子・平田透［2010］『流れを経営する──持続的イノベーション企業の動態理論──』東洋経済新報社．
野々村博・岡本昌夫・福井孝明［2008］「スポーツにおけるグローバリゼーション──ラグビーフットボールにおけるグローバル化の現状──」『大阪経大論集』55（6）．
波頭亮［2008］『リーダーシップ構造論』産業能率大学出版部．
原田宗彦編［2011］『スポーツ産業論第 5 版』杏林書院．
樋口聡［1987］『スポーツの美学』不昧堂出版．
広瀬一郎［2002a］『スポーツマンシップを考える』ベースボールマガジン社．
──［2002b］『新スポーツマーケティング』創文企画．
藤島大［2007］「PROLOGUE◎栄冠は人間の内面によって」『第 6 回フランスラグビーワールドカップ展望号』ベースボールマガジン社．
堀公俊・加藤彰・加留部貴行［2007］『チーム・ビルディング』日本経済新聞出版社．
松野光範・有吉忠一［2011］「スポーツ用品産業の課題」，伊多波良雄・横山勝彦・八木匡・伊吹勇亮編『スポーツの経済と政策』晃洋書房．
間野義之［1998］「スポーツ市場における公共部門の役割」，池田勝・守能信次編『スポーツ

の経済学』杏林書院.

三隅二不二 [1966]『新しいリーダーシップ――集団指導の行動科学――』ダイヤモンド社.

三戸公 [1976]『公と私』未来社.

源了圓 [1982]『文化と人間形成』第一法規出版.

宮川公男・大守隆編 [2004]『ソーシャル・キャピタル――現代経済社会のガバナンスの基礎――』東洋経済新報社.

森田浩之 [2009]『メディアスポーツ解体』日本放送出版協会.

文部科学省編 [2000]『スポーツ振興基本計画』文部科学省.

八木匡・松野光範 [2011a]「現代社会におけるスポーツの役割」, 伊多波良雄・横山勝彦・八木匡・伊吹勇亮編『スポーツの経済と政策』晃洋書房.

―― [2011b]「チーム間競争と種目間競争」, 伊多波良雄・横山勝彦・八木匡・伊吹勇亮編『スポーツの経済と政策』晃洋書房.

山下秋二 [1985]「スポーツ・マーケティング論の展開」『体育経営学研究』2（1）.

山本真司 [2005]「スポーツ経営戦略論」(同志社大学マネジメントスクールレジュメ).

―― [2009]「スポーツリーグ産業の経営戦略」, 広瀬一郎編『スポーツマネジメント――理論と実務――』東洋経済新報社.

湯浅泰雄 [1986]『気・修行・身体』平河出版社.

横山勝彦 [2005]「同志社大学大学院総合政策科学研究科スポーツマネジメントスクール基調講演」.

―― [2011]「スポーツとソーシャル・キャピタル」, 菊幸一・齋藤健司・真山達志・横山勝彦編『スポーツ政策論』成文堂.

―― [2012]「『スポーツ立国論』と経済」『現代スポーツ論評』26.

横山勝彦・古市久子 [1996]「身体学習における『模倣』の構造――幼児教育と武道の技能獲得過程の類似点を通して――」『大阪教育大学紀要』45（1）.

吉田康伸・米山一朋・浜口純一 [2007]「バレーボールにおけるラリーポイント制とサイドアウト制の違いについての研究」『法政大学体育・スポーツ研究センター紀要』25.

若林直樹 [2009]『ネットワーク組織――社会ネットワーク論からの新たな組織像――』有斐閣.

〈欧文献〉

Aaker, D. A. and J. Erich [2000] *Brand Leadership*, London: Simon & Schuster（阿久津聡訳『ブランド・リーダーシップ――「見えない企業資産」の構築――』ダイヤモンド社, 2000年）.

Adorno, T. W. [1955] *Prismen : Kulturkritik und Gesellschaft*, Berlin; Frankfurt Am Main: Suhrkamp Verlag（著渡辺祐邦・三原弟平訳『プリズメン』筑摩書房, 1996年）.

参 考 文 献

Andreff, W. [2006] "The Sports Goods Industry," in W. Andreff and S. Szymanski eds., *Handbook on the Economics of Sport*, Cheltenham: Edward Elgar.

Atkinson, G. [2002] "Sport performance: variable or construct?" *Journal of sports science*, 20 (4).

Barnard, C. I. [1938] *The Functions of The Executive*, Cambridge, Mass.: Harvard University Press（山本安次郎・田杉競・飯野春樹訳『新訳経営者の役割』ダイヤモンド社，1968年）．

Caillois, R. [1967] *Les Jeux et Les Hommes: Le Masque et Le Vertige*, Éd. rev. et augmentée, Paris: Gallimard（多田道太郎・塚崎幹夫訳『遊びと人間』講談社，1990年）．

Cappelli, P., Bassi, L. and H. Katz et al. [1997] *Change at Work*, New York: Oxford University Press.

Carter, D. M. and D. Rovell [2003] *On the Ball: What You Can Learn About Business from America's Sports Leaders*, New Jersey: Financial Times Prentice Hall books（原田宗彦訳『アメリカ・スポーツビジネスに学ぶ経営戦略』大修館書店，2006年）．

Csikszentmihalyi, M. [1975] *Beyond Boredom and Anxiety: Experiencing Flow in Work and Play*, San Francisco: Jossey-Bass Publishers（今村浩明訳『楽しみの社会学』新思索社，2000年）．

Drucker, P. F. [1954] *The Practice of Management*, New York: Harper & Row（上田惇生訳『新訳現代の経営（上）』ダイヤモンド社，1996年）．

―― [1974] *Management: Tasks, Responsibilities, Practices*, New York: Harper & Row（上田惇生編訳『エッセンシャル版マネジメント――基本と原則――』ダイヤモンド社，2001年）．

Elias, N. and E. Dunning [1986] *Quest for Excitement : Sport and Leisure in The Civilizing Process*, Oxford: Basil Blackwell（大平章訳『スポーツと文明化――興奮の探求――』法政大学出版局，1995年）．

Gardner, J. W. [1990] *On leadership*, New York : Free Press（加藤幹雄訳『リーダーシップの本質』ダイヤモンド社，1993年）．

Gillet, B. [1949] *Histoire du Sport*, Paris: Presses universitaires de France（近藤等訳『スポーツの歴史』白水社，1952年）．

Guttmann, A. [1978] *From Ritual to Record: The Nature of Modern sport*, New York: Columbia University Press（清水哲男訳『スポーツと現代アメリカ』TBSブリタニカ，1981年）．

Huizinga, J. [1939] *Homo Ludens: Versuch einer Bestimmung des Spielelementes der Kultur*, Basel: Akademische Verlagsanstalt Pantheon（里見元一郎訳『ホモ・ルーデンス――文化のもつ遊びの要素についてのある定義づけの試み――』河出書房新社，1989年）

Kaufman, B. E. [1999] "Expanding the behavioral foundations of labor economics," *Industrial and Labor Relations Review*, 52（3）.

Koehler, J. and C. Conley [2003] "The 'Hot Hand' Myth in Professional Basketball," *Journal of Sport and Exercise Psychology*, 25.

Kotler, P. and A. Armstrong [1989] *Principles of Marketing*, 4th ed., Englewood Cliffs, N.J.: Prentice Hall（和田充夫・青井倫一訳『新版マーケティング原理──戦略的行動の基本と実践──』ダイヤモンド社，1995年）.

Kotler, P., Kartajaya, H. and I. Setiawan [2010] *Marketing 3.0: From Products to Customers to The Human Spirit*, Hoboken, N.J.: Wiley（藤井清美訳『コトラーのマーケティング3.0──ソーシャル・メディア時代の新法則──』朝日新聞出版，2010年）.

Levitt, S. D. and S. J. Dubner [2005] *Freakonomics: A Rogue Economist Explores The Hidden Side of Everything*, New York: William Morrow（望月衛訳『ヤバい経済学』東洋経済新報社，2006年）.

Levitt, T. [1974] *Marketing for Business Growth*, New York: McGraw-Hill（土岐坤・DIAMONDハーバード・ビジネス・レビュー編集部訳『レビットのマーケティング思考法──本質・戦略・実践──』ダイヤモンド社，2002年）.

March, J. G. and H. A. Simon [1958] *Organizations*, New York: Wiley.

Mathwick, C., Malhotra, N. and E. Rigdon [2001] "Experiential value: Conceptualization, measurement, and application in the catalog and internet shopping environment," *Journal of Retailing*, 77（1）.

Mullin, B.J., Sephen, H. and W. A. Sutton [2000] *Sports Marketing*, 2nd ed., Champaign, Il.: Human Kinetics.

Nonaka, I. and H. Takeuchi [1995] *The Knowledge-Creating Company : How Japanese Companies Create The Dynamics of Innovation*, New York: Oxford University Press（梅本勝博訳『知識創造企業』東洋経済新報社，1996年）.

Ommo Grupe [2000] *Vom Sinn des Sports: kulturelle, pädagogische und ethische Aspekte*, Schorndorf: Karl Hofmann（永島惇正・越川茂樹・岡出美則ほか訳『スポーツと人間──「文化的・教育的・倫理的側面」──』世界思想社，2004年）.

Pine, B. J. and J. H. Gilmore [1999] *The Experience Economy*, Boston, Mass.: Harvard Business School Press（岡本慶一・小髙尚子訳『新訳経験経済──脱コモディティ化のマーケティング戦略──』ダイヤモンド社，2005年）.

Putnam, R. D. [1993] *Making Democracy Work: Civic Traditions in Modern Italy*, Princeton, N.J.: Princeton University Press（河田潤一訳『哲学する民主主義──伝統と改革の市民的構造──』NTT出版，2001年）.

Schein, E. H. [1999] *The Corporate Culture Survival Guide : Sense and Nonsense about Cul-*

ture Change, San Francisco: Jossey-Bass（金井壽宏監訳『企業文化──生き残りの指針──』白桃書房，2004年）．
Steger, M. B.［2009］*Globalization: A Very Short Introduction（Very Short Introductions）*, 2nd ed., Oxford: Oxford University Press（櫻井公人・櫻井純理・髙嶋正晴訳『新版　グローバリゼーション』岩波書店，2010年）．
Strasser, J.B. and B. Laurie［1992］*Swoosh: The Unauthorized Story of Nike and The Men Who Played There*, New York: HarperCollins Publishers.
Thaler, R. H.［1992］*The Winner's Curse: Paradoxes and Anomalies of Economic Life*, New York: Free Press（篠原勝訳『行動経済学入門』ダイヤモンド社，2007年）．
Thaler, R. H. and C. R. Sunstein［2008］*Nudge: Improving Decisions about Health, Wealth, and Happiness*, New Haven: Yale University Press（遠藤真美訳『実践行動経済学──健康，富，幸福への聡明な選択──』，日経BP社，2009年）．
Veblen, T.［1899］*The Theory of The Leisure Class: An Economic study in The Evolution of Institutions*, New York: Macmillan（小原敬士訳『有閑階級の理論』岩波書店，1961年）．

〈ウェブサイト〉

Battaglia, J.［2009］"America'＄Relay＄Debacle,"（http://www.charliefrancis.com/community/showthread.php?18367-America-Relay-Debacle，2012年7月19日閲覧）．
Bloomberg http://www.bloomberg.com/news/2011-06-04/li-na-accomplishes-dream-with-china-s-first-tennis-major-at-french-open.html（2012年6月1日閲覧）．
Forde, P.［2008a］"U.S.400-meter relay teams doomed by flubbed handoffs, fail to qualify,"（http://sports.espn.go.com/oly/summer08/trackandfield/news/story?id=3545991，2012年7月19日閲覧）．
── ［2008b］"One message to take from baton blunders: U. S. track has hit rock bottom,"（http://sports.espn.go.com/oly/summer08/columns/story?columnist=forde_pat&id=3546603，2012年7月19日閲覧）．
Ungrady, D.［2008］"U.S. sprint champs seek Beijing relay bids,"（http://www.sprintic.com/news/711/，2012年9月18日閲覧）．
総務省統計局［2010］「平成22年国勢調査」（http://www.stat.go.jp/data/kokusei/2010/index.htm，2012年7月18日閲覧）．
日経ビジネスオンライン http://business.nikkeibp.co.jp/article/manage/20071031/139243/（2012年6月1日閲覧）．

索　引

〈アルファベット〉

BSE　121
champs（チャンプス）　9, 10
CI→コーポレートアイデンティティ
CSR→企業の社会的責任
Customer Relatiomship Management　75, 81
Do スポーツ　51
FA　138, 139
FIFA→国際サッカー連盟
GC→グローバル・コンパクト
IOC→国際オリンピック委員会
IJF→国際柔道連盟
IRB→国際ラグビー機構
MLB→メジャー・リーグ・ベースボール
MVP（Maximizing Velocity and Power）トラッククラブ　10
NFL　143
NOBY T&F CLUB　27, 28, 30, 181
PM 理論　172
RFU　138, 139
Spectator スポーツ　51
YKK　162

〈ア　行〉

青色柔道着　140
アシックス　65
遊び　4
アップル　16
アディダス　10, 64, 65, 68-70, 143, 146
アドルノ, T. W.（Adorno, T. W.）　4, 18
アノマリー　103, 105
アマチュア規定　138
アマチュアスポーツ法　142
アマチュアリズム　138, 139
アメーバ経営　159, 176
アメリカ　142-144, 147
荒木秀夫　28
アンダーハンドパス　24

安踏（アンタ）　146
暗黙知　28
イギリス　135
意思決定　151, 160
イデオロギー　136
稲盛和夫　152, 159, 178
イノベーション　16, 151, 152, 167, 168, 188, 190
インクルージョン　185, 187-189, 192
インターナル・マーケティング　56, 75
インテリジェンス　168
インテレクチュアルキャピタル（知的資産）　13
ヴェブレン, T.（Veblen, T.）　4, 18
エキサイトメント　4, 7, 14, 26
エクスターナル・マーケティング　56
エモーショナルキャピタル（情的資産）　13, 15
エリアス, N.（Elias, N.）　3, 14, 18
エンドースメント契約　69
応援用グッズ　61, 63
近江商人　164
オークション市場　106, 107
大阪ガス　17, 27, 181, 183
オハイオ研究　171
オリンピック　135, 142
オリンピック・アマチュアスポーツ法（Ted Stevens Olympic and Amateur Sport Act）　142

〈カ　行〉

カート・フラッド法　143
ガードナー, J. W.（Gardner, J. W.）　173, 174
外界感覚運動回路　130
外界認知　130
カイゼン　162, 164, 177
カイヨワ, R.（Caillois, R.）　3, 4
型　129
形　129

価値の源泉　31
カテゴリーキラー　53, 71
嘉納治五郎　139
ガバナンス　86, 91, 93, 98
株主価値重視　162
完全合理モデル　151, 163
感動の価値　184
　──創造　184, 191
カンバン　177
　──方式　177
管理道徳　155
企業スポーツ　5
企業の社会的責任（CSR）　27, 30, 153, 179, 182, 184, 186, 189, 190
　──論　179, 180
　ポスト──　183, 184, 187
共感　15, 175
競技スポーツ　144, 145
京セラ　159, 176
競争優位　176, 182, 183
恐怖（心）　114, 116-118
巨人軍　111
近代スポーツ　4, 138
グートマン, A.（Guttmann, A.）　3, 4
グローバリズム（globalism）　132, 136, 137
グローバリゼーション　30, 132-136, 142, 147, 148, 189
グローバル化　170
グローバル・コンパクト（GC）　68, 180, 182
経営戦略　157
経営哲学　152
経営理念　98, 152
経験価値　7, 32, 184, 191
　──尺度　35
経験経済　47
経済合理性　103, 162
現状維持バイアス　120
限定合理性　104-106
限定された合理モデル　151, 163
剣道　16
公共性　188
公序良俗　188

行動経済学　103, 104
合理的経済人　106
コオーディネーション理論　28
コーチング　20, 110, 175, 178
コーポレートアイデンティティ（CI）　13
顧客　167
　──満足　56
国際オリンピック委員会（IOC）　137, 138, 140, 187
国際化戦略　147, 148
国際サッカー連盟（FIFA）　187
国際柔道連盟（IJF）　140
国際ラグビー機構（IRB）　138, 139
コッター, J. P.（Kotter, J. P.）　170
古典的経済学　167
コトラー, P.（Kotler, P.）　168, 178, 191
ゴミ箱モデル　151, 163
コミュニケーション　15, 125, 169, 174, 184
　──・スキル　20, 22
　──能力　174, 175
コミュニティ　7
コンプライアンス　179

〈サ 行〉

サービス　47, 54
支えるスポーツ　97
サッカー　135
サプライチェーンマネジメント　177
三方よし　162-164, 184
Jリーグ　26, 90-92
思考システム　120
思考プロセス　121
仕事満足度　112
自己抑制　104-106
市場賃金率　112
持続可能性　189
自動システム　120
シャイン, E. H.（Schein, E. H.）　12, 13, 15, 19, 155
社会関係資本→ソーシャル・キャピタル
社会的価値　5, 25
ジャマイカ　8, 11

索　引

柔道　16, 138-141, 148
熟慮システム　120
守破離　129
障害者雇用　186, 187, 192
勝者の呪い　105, 107
情動本能回路　130
情報システム　130
情報リテラシー　6
植民地主義　135
ジョブズ, S. (Jobs, S.)　16, 17
自律訓練法　130
身体　129
心理的なバイアス　174
水道哲学　159, 164, 176
スティーガー, M. B. (Steger, M. B.)　132, 136, 137
ステイクホルダー　29, 155, 157, 158
ストレス耐性　115, 116
スポーツ　3, 4, 95, 96, 134, 135, 147
スポーツ関連法　142, 147
スポーツ基本計画　26, 96, 147
スポーツ基本法　89, 146, 147
スポーツくじ　145
スポーツ経済学　105
スポーツ産業　45, 46, 48, 143-147, 169
　──論　169
スポーツ振興基本計画　5
スポーツ振興法　146
スポーツの国際化戦略　147
スポーツの組織論的価値　14
スポーツの本質　3, 191
スポーツビジネス　143, 144
スポーツビジョン21　51
スポーツマーケティング　79, 80
スポーツマンシップ　15, 16
スポーツ用品産業　64
スポーツ立国　147, 148
　──戦略　29, 87, 146
スポーツルール　138, 141
スポンサー権　77, 78
スマイルカーブ　70
スランプ　115, 116

するスポーツ　4, 96
成果主義　162, 164
セカンドキャリア　29
世俗化　4
セルフコントロール　115
全身内部感覚回路　130
全体効率性　112
双曲割引　104, 106
　──率　117
総合型地域スポーツクラブ　26
創造経済学　191
ソーシャル・キャピタル　7, 25-27, 29, 30
ソーシャルビジネス　182
組織効率性　117
組織的価値　25
組織風土　153, 164
組織文化　12, 151-155, 158
　──創造　151

〈タ　行〉

体育　147
ダイバーシティ　185, 186, 188, 189, 192
　──・マネジメント　186
タオルマフラー　61, 63, 90
多木浩二　135
多様性　185
チームビルディング　20-22, 169
チームワーク　16, 24, 160
　──形成　125
知識創造理論　6
中華人民共和国体育法　144
中国　144
辻谷工業　66
帝国主義　135
ディストリビューター　67
デザイン　21
テニス　146
テレビ放映権　77, 78
東京オリンピック　146
道徳　155
道徳性　15
十川廣國　179

トヨタ　162, 177
ドラッカー, P. F. (Drucker, P. F.)　166-170
ドラフト　143

〈ナ 行〉

ナイキ　64, 65, 67-69, 71, 143, 146
内蔵感覚情報装置　130
内的（な）モチベーション　118
内発の動機付け　127
ナッジ（Nudge）　104, 120-122, 124-126, 174
日本アスリート会議　7, 19
日本相撲協会　88
日本的経営　162
入場料　77, 78
人間性重視　160, 162
　──の経営　179

〈ハ 行〉

バーナード, C. I. (Barnard, C. I.)　15
バイオフィードバック法　130
パウエル, A. (Powell, A.)　10
パシフィックリーグマーケティング　84, 91, 94
バッティングピッチャー　112
波頭亮　172
パナソニック　158, 176
パブリックスクール　139
バブル経済　156
パラダイム　98
パラリンピック　142
バレーボール　138, 140, 141
ビジネスキャピタル（事業資産）　13
ビジネスモデル　53
ビジョン　156-158, 166
百年構想　39
平尾誠二　168
ファシリテーション　20
ファシリテーター　21
ファブレス企業　67
プーマ　10, 64, 69
フェアプレイの精神　137
フォロワー　174

物品販売　77, 78
武道　140
フラストレーション　116, 117
ブランドアイデンティティ　64
ブランドエクイティ　52, 75
フレーザー=プライス, S. (Fraser-Pryce, Shelly-Ann)　10
フレーミング　105, 107
フロー体験（フローモデル）　4
フロネーシス　178
フロネティック・リーダーシップ　172
プロ野球　90, 91, 93, 94
文化　12
米国リレーチーム　123
北京オリンピック　9, 110, 122
ホイジンガ, J. (Huizinga, J.)　4, 18
放映権　141
　──料　141
報酬制度　112
ホスピタリティ　48, 55, 98
没我　129
保有効果　106, 107
ボルト, U. (Bolt, U.)　9, 122
ホンダ　162

〈マ 行〉

マーケティング　72, 73, 98, 167
　──1.0　76
　──2.0　76
　──3.0　76, 168
　──・コンセプト　74, 75
松下幸之助　158, 176
マネジメント　166, 175
　──能力　20, 175
　　メンタル──　115
マネジャー　170, 173
ミクロ経済学　103
ミシガン研究　171
ミズノ　65
三隅二不二　172
ミッション　98, 158
見るスポーツ　4, 97

索　引

メガホン　63
メジャー・リーグ・ベースボール（MLB）
　94, 95
メジャーリーグ機構　143
メディア　140, 141
メリット財　5, 19
メンタルコントロール　115
メンタルトレーニング　21, 130
モチベーション　116, 117, 174
モブフットボール　135
模倣　129

〈ヤ　行〉

野球　16, 123
誘因賃金　117
要素還元主義　129
4E領域　33

〈ラ・ワ行〉

ライフスキル　29
ライフプランニング　111

ラグビー　125, 126, 135, 138, 141, 148
ラリーポイントシステム　141
リーダー　21, 173, 175
リーダーシップ　16, 155, 166, 170-173
　——コア　172, 173
　——・スキル　22
リーマンショック　17
陸上競技　122
理性　128
李寧（リーニン）　146
利用可能性ヒューリスティクス　121
ルイス, F. C.（Lewis, F. C.）　110
レイサーズトラッククラブ　10
レヴィン, K.（Lewin, K.）　153
レジャー白書　51
レプリカユニフォーム　61, 63, 90
レベニューシェアリング　143
労働経済学　117
ロサンゼルスオリンピック　139
ワールドカップ　135, 142

《執筆者紹介》（執筆順，＊は編著者）

＊八木　匡（やぎ　ただし）
1959年生まれ．名古屋大学大学院経済学研究科博士課程単位満了退学．経済学博士．現在，同志社大学経済学部教授．"Economic Growth and the Riskiness of Investment in Firm-Specific Skills," (joint paper with Taichi Maki and Koichi Yotsuya, *European Economic Review*, 49（4），2005)，『教育と格差』（共著，日本評論社，2009年），「格差感と幸福感形成におけるコミュニティ機能と機会の公平の役割」（『ノンプロフィット・レビュー』11（1），2011年）．[**序文，第3・8・9章**]

朝原宣治（あさはらのぶはる）
1972年生まれ．北京オリンピック陸上男子400mリレー銅メダリスト．同志社大学大学院総合政策科学研究科博士課程前期課程修了．現在，大阪ガス株式会社勤務．一般社団法人アスリートネットワーク副理事長．『肉体マネジメント』（幻冬舎，2009年），『こうすればかけっこが速くなる』（小学館，2010年）．[**第1・2・8・9章**]

＊松野光範（まつのみつのり）
1952年生まれ．同志社大学大学院総合政策科学研究科博士後期課程修了，博士(技術経営)．現在，大阪学院大学経済学部准教授．「仮想的市場法によるスポーツスタジアムの価値の可視化」（『広報研究』12, 2008年），「コミュニティ・ガバナンスによるまちづくり――昭和新山国際雪合戦大会を事例に――」（共著，『同志社総合政策科学研究』11（1），2009年），『スポーツの経済と政策』（共著，晃洋書房，2011年）．[**第4・5・6・7・8章**]

向山昌利（むこうやままさとし）
1975年生まれ．同志社大学大学院スポーツ健康科学研究科修士課程修了．現在，同志社大学大学院総合政策科学研究科博士後期課程在籍．スポーツバンク代表，同志社大学ラグビーフットボール部専任コーチ．「持続発展教育とスポーツによるライフスキル教育」（共著，『同志社スポーツ健康科学』4，2012年），「スポーツと社会化――ナイキのビジネスを事例に――」（共著，『同志社スポーツ健康科学』4，2012年）．[**第4・5・6・7・9・10章**]

＊横山勝彦（よこやまかつひこ）
1954年生まれ．京都教育大学教育専攻科修了．現在，同志社大学スポーツ健康科学部教授．『スポーツの法と政策』（共著，ミネルヴァ書房，2001年），『スポーツの経済と政策』（共編著，晃洋書房，2011年），『スポーツ政策論』（共編著，成文堂，2011年）．[**第9・10・11・12・13章**]

石井　智（いしいさとし）
1960年生まれ．同志社大学大学院総合政策科学研究科博士後期課程修了，博士(政策科学)．現在，大阪ガス株式会社勤務．「スポーツの価値と企業政策――『CSR』の視点から――」（『同志社政策科学研究』8，2006年），「企業とライフスキル教育」（横山勝彦・来田宜幸編『ライフスキル教育――スポーツを通して伝える「生きる力」――』昭和堂，2009年），「企業スポーツと政策」（菊幸一・齋藤健司・真山達志・横山勝彦編『スポーツ政策論』成文堂，2011年）．[**第9・11・12・13章**]

スポーツの組織文化と産業

| 2012年11月10日 | 初版第1刷発行 | ＊定価はカバーに |
| 2016年 3 月25日 | 初版第2刷発行 | 表示してあります |

編著者の了解により検印省略	編著者	横 山 勝 彦 八 木 匡 © 松 野 光 範
	発行者	川 東 義 武

発行所 株式会社 晃洋書房

〒615-0026 京都市右京区西院北矢掛町7番地
電話 075 (312) 0788番代
振替口座 01040-6-32280

ISBN978-4-7710-2400-7　　印刷・製本 西濃印刷㈱

JCOPY 〈㈳出版者著作権管理機構 委託出版物〉
本書の無断複写は著作権法上での例外を除き禁じられています。複写される場合は、そのつど事前に、㈳出版者著作権管理機構（電話 03-3513-6969，FAX 03-3513-6979，e-mail:info@jcopy.or.jp）の許諾を得てください。

伊多波良雄・横山勝彦・八木匡・伊吹勇亮 編著
スポーツの経済と政策
A5判 260頁
定価 3,150円

P.キャリル・D.ホワイト著／二杉茂ほか訳
賢者は強者に勝る
──ピート・キャリルのコーチング哲学──
A5判 200頁
定価 2,415円

溝畑寛治 著
ノーサイドの精神に学ぶ人間力
──真のラガーマン・新のスポーツマンを目指して──
四六判 192頁
定価 1,995円

宮内拓智・小沢道紀 編著
ドラッカー思想と現代経営
A5判 216頁
定価 2,625円

ノーマン・E.ボウイ著／中谷常二・勝西良典監訳
利益につながるビジネス倫理
──カントと経営学の架け橋──
A5判 272頁
定価 3,675円

田中照純・劉容菁 編著
企業倫理を歩む道
──その理論と実践──
A5判 236頁
定価 2,625円

重本直利 編著
社会経営学研究
──経済競争的経営から社会共生的経営へ──
A5判 430頁
定価 3,990円

==========晃洋書房==========